다락원
명작노트
043

오만과 편견

Pride and Prejudice

제인 오스틴

다락원 WILEY
Publishers Since 1807

세계의 교양을 읽는다

고전을 왜 읽는가?

인간의 삶과 세상에 대한 영원한 물음이 있기 때문이다. 시대와 사상을 뛰어넘어 지금 여기 우리에게 필요한 물음이 없는 고전은 더이상 고전이 아니다. 인간과 삶에 대한 근원적인 물음 없이 고전을 읽는다면 자신과 인간에 대한 성찰과 지혜로 이어지지 않는다. 논술 시험 때문에, 과제물 때문에, 아니면 남들이 읽으니까, 나도 읽는다는 식이라면 그 책은 죽은 책일 수밖에 없다.

고전을 살아 있는 책으로 만드는 이 '물음!'에 답하기 위해서는 좋은 길잡이가 필요하다. 40년 이상 미국의 고교생과 대학 주니어들이 시험, 에세이 작성, 심층토론 준비를 위해 바이블처럼 애용해온 'CliffsNotes'와 'SPARKNOTES'는 바로 그런 좋은 길잡이의 표본이다. 이 두 시리즈가 원조 논술연구모임인 '일이관지(一以貫之)' 팀의 촌철살인적 해설을 곁들여 〈다락원 명작노트〉로 재탄생해 논술로 고민중인 대한민국 학생 여러분을 찾아간다.

CliffsNotes와 SPARKNOTES의 가장 큰 장점은 방대하고 난해한 고전을 Chapter별로 요약하고 분석해서 원전의 내용에 보다 쉽고 체계적으로 접근하는 신속·간편성이라고 할 수 있다. 여기에 '一以貫之'팀이 원전의 중요한 문제의식, 즉 근원적 '물음'은 무엇이며, 그 '물음'은 오늘날에도 여전히 유효한가, 라는 질문을 다시 던진다.

대입논술로 고민하고, 자칭 타칭의 고전이 넘쳐나는 오늘의 독서풍토에서 지적 정복이 긴박한 대한민국 학생들에게 감히 이 시리즈를 자신 있게 권한다.

一以貫之 논술연구모임 연구실장 이호곤

CliffsNotes와 SPARKNOTES는 방대한 원작을 보다 쉽게 이해할 수 있도록 돕는 안내서입니다. 원작 이해를 돕기 위해 작가와 작품에 대한 배경지식, 그리고 매 장마다 간단한 '줄거리'와 '풀어보기'가 실려 있습니다. '줄거리'를 통해서는 원작의 내용을 명쾌하게 파악함으로써 독서의 즐거움을 느낄 수 있을 것입니다. '풀어보기'에는 원작에 담긴 문학적 경향, 등장인물의 심리상태, 시대상, 주제 등을 설명해 놓았습니다. 비판적 글읽기의 바탕이 되는 요소들이죠. 비판적 글읽기는 소설과 비소설 작품을 막론하고 책을 읽을 때 꼭 필요한 자질입니다.

그 밖에도 작품을 좀더 심오하게 분석할 수 있도록 '마무리 노트', 'Review' 등을 마련해 놓아 독자 여러분의 글읽기를 돕고 있습니다.

CliffsNotes에는 특히 관심을 갖고 읽어야 할 필수요소를 강조하기 위해 다음 네 가지 아이콘을 사용하고 있습니다.

 작품 속에 내재된 주제를 드러내줍니다.

 등장인물의 속내를 알 수 있도록 도와줍니다.

 배경, 분위기, 열정, 폭력, 풍자, 상징, 비극, 암시, 불가사의 등의 요소를 밝혀줍니다.

 단어와 문구의 미묘한 느낌을 감상할 수 있도록 해줍니다.

* 〈 〉는 장편소설, 중편소설, 논픽션, 시집. " "는 수필집, 단편소설

● 일이관지(一以貫之) 논술 노트
권말에는 一以貫之 논술팀에서 작성한 논술 노트가 실려 있습니다. 원작을 우리의 삶과 연계시켜 비판적 사고와 논리적 글쓰기의 방향을 제시합니다.

● 실전 연습문제
실전 연습문제를 통해서는 원작을 바탕으로 출제 가능성이 높은 논점을 함께 숙고해 봅니다.

작가 노트

작가의 생애

제인 오스틴 Jane Austen의 일생은 일상적이고 특별할 것 없는 일들의 연속이었다는 점에서 그녀의 작품 세계와 닮은꼴이다. 이 점은 작가가 세상을 떠난 후, 남동생 헨리가 그녀의 삶에 관해 피력한 사실에서도 뒷받침된다. 조카 제임스도 그로부터 50년이 지나 출간된 전기에서 그녀는 '이렇다 할 사건이 없는 삶을 살면서 세월의 변화와 위기를 별반 겪은 적이 없었다'고 썼다. 그러나 독자가 오스틴의 작품을 대하면서 인물과 문체에 깃든 복합성을 발견하듯이, 학자들은 작가의 생애를 연구하면서 평온한 면모보다는 매혹적인 성격과 번득이는 재치, 그리고 고도의 세련된 관찰력에 이끌린다. 다른 작가들에게 흔히 볼 수 있는 극적인 요소가 빠져 있다고 해서 오스틴의 재능이 빛을 잃어버리는 것은 아니다. 사실 특별한 편력 같은 것이 없고 결혼해서 가정을 꾸리지 않았다는 점이 그녀가 보다 자유롭게 창작에 몰두할 시간을 갖게 했을 법하다. 더욱이 당시 작품들이 익명으로 출판되었던 것을 보면, 오스틴은 가족과 친구들 울타리 너머에서는 작가로서의 명성을 얻지 못했던 것을 알 수 있다. 그러한 익명성은 그녀에게 잘 맞았고, 비평가 리처드 블라이스가 지적했듯이, '그녀의 지향점은 문학적인 삶이 아니라 문학 자체에 있었다'고 하겠다.

성장기

　　제인 오스틴은 1775년 12월 16일에 아버지 조지와 어머니 카산드라 사이에서 8남매 중 일곱 번째로 태어났다. 당시 가족은 잉글랜드 중남부에 위치한 소도시 햄프셔의 스티븐튼에서 살았고, 아버지는 그곳 목사였다. 오스틴의 가정은 밝고 화목했으며, 지방 순회도서관에서 소설을 함께 읽고 가족 연극을 하곤 했다. 오스틴이 맨 처음 고도의 풍자 글을 쓴 것도 가족 동아리를 위해서였고, 그 중 몇 편은 여러 차례 다시 쓰면서 소설로 다듬어졌다.

　　오스틴은 유일한 자매인 카산드라와 유독 잘 어울려 지냈다. 두 자매는 1783년에서 1785년까지 옥스퍼드와 사우샘프턴에 소재한 학교와 리딩의 수녀원 학교에 함께 다녔다. 집에서 더 이상 학비를 댈 형편이 못 되자, 제인과 카산드라는 집으로 돌아와 폭넓게 독서를 하면서 가족들로부터 프랑스어와 이탈리아어, 피아노를 배웠다. 작품 속의 인물들처럼 오스틴 집안의 딸들은 예쁘게 생겼고, 흥겨운 동네 파티에 두루 참석했던 것으로 알려져 있다.

　　오스틴은 스무 살 되던 해, 숙부를 방문하려고 햄프셔에 온 아일랜드 청년 톰 르프로이를 만나게 된다. 두 사람의 교제가 혼담에 이르자 남자 쪽 집안에서 르프로이를 불러들여, 가난한 목사 딸에게 더 이상 애정을 품지 못하도록 조치했다.

두 번째 혼담은 오스틴이 27세 때 해리스 빅위더와의 사이에서 있었다. 일단 청혼을 받아들인 그녀는 부와 안정이 보장되었음에도 사랑하지 않는다는 이유로 다음날 아침 결정을 번복했다. 이렇게 오스틴은 결혼하지 않았지만, 작품의 소재로 연애와 결혼이 강조된 것을 보아 실제 경험이 큰 영향을 주었다는 것을 알 수 있다.

작품 세계

초기 작품 세계

1796-98년 사이 오스틴은 〈노생거 사원 *Northanger Abbey*〉과 〈이성과 감성 *Sense and Sensibility*〉, 〈오만과 편견 *Pride and Prejudice*〉의 원고를 집필했는데, 세 작품 모두 출판은 나중에야 이루어졌다. 〈노생거 사원〉은 1818년 작가 사후에 출판되었는데, 당대 인기가 높았던 고딕 소설*을 풍자했다. 고딕 소설을 좋아하고 상상력이 넘치는 여자 주인공이 노생거 사원에 머무는 동안 신비로운 일을 목격한다는 내용이다. 1811년, 세상에 나온 두 번째 소설 〈이성과 감성〉에서는 이성(분별력)과 감각(감수성)을 대표하는 두 여성을 내세워 얼마

---

* **고딕 소설**(Gothic novel)：18세기 후반부터 19세기 초반에 걸쳐 영국에서 유행한 소설. 유령, 살인 따위의 기괴한 사건을 주로 다루면서 신비감과 공포감을 표현한다.

되지 않는 유산 앞에서 같은 처지에 놓인 그들의 대조적인 인생을 탐구하고 있다. 1813년에 출간된 세 번째 작품 〈오만과 편견〉에도 가정의 경제적 위기로 직결되는 아버지의 작고에 대한 위협이 주인공 자매에게 어두운 그림자를 드리우고 있다. 그러나 이 소설에서는 가난이 현실로 닥치지는 않고 늘 걱정거리로 남아 있다. 한편, 작가는 오만함과 첫인상이 일종의 편견일 수 있음을 지적하는 데 초점을 맞춘다.

오스틴은 초기 작품에서 그녀가 만들어낸 소설의 영역을 명확히 제한하고 있다. 처음부터 등장인물을 몇몇 집안과 인척들 간에 서로 아는 사람들과 친구들 정도로 한정지어, 지속적으로 인물들을 강조한다. 이렇게 내용을 의도적으로 제한해 작품에 집중도와 아름다움의 강도를 높이고 있는 것이다. 작품에서 주로 다뤄지는 중상류층은 다른 계층과는 동떨어져 있고, 사회의식과도 거리가 있다. 실제로 19세기 초 영국 교외에서 생활하는 중류층 사람들의 사회가 그러했다. 이곳의 중심에는 가족 단위의 생활이 있고, 이로 인해 사회적 · 경제적 지위와 안정을 보장하는 결혼이 최대 관심사가 되는 세계가 교묘하게 만들어졌다.

후기 작품 세계

1800년, 오스틴의 아버지가 은퇴하면서 가족은 해변 휴양지 바스로 이사했다. 좋아하는 집을 떠나야 하는 것이 힘들었던 제인은 1809년 아버지가 세상을 떠날 때까지 가족들이 흩어져 살았던 9년 동안 작품을 쓰지 않았다. 그 후 어머니와 카산드라와 함께 초튼으로 이사해 오빠가 빌려준 집에서 살며 다시 펜을 잡게 된 오스틴은 〈맨스필드 파크 Mansfield Park〉, 〈에마 Emma〉, 〈설득 Persuasion〉을 썼다.

〈맨스필드 파크〉(1814)는 부잣집에서 양육되는 가난한 소녀 패니 프라이스의 이야기다. 이 소설은 도덕에 초점을 맞추고 있고, 양심과 사회의 압력 간 갈등을 다루고 있어서 비평가들로부터 '최초의 근대 소설'로 평가받는다. 〈에마〉(1816)에서 작가는, 자신을 중매쟁이라고 여기는 멋지고 똑똑하고 부유한 여자 주인공 에마 우드하우스를 소개하고 있다. 늘 사람들을 짝지어주려 하지만, 의도와는 달리 자신의 사랑을 발견하는 에마는 독자들 사이에서는 평가가 엇갈리지만, 비평가들은 오스틴이 만들어낸 가장 복잡한 심리를 가진 인물로 평가한다. 작가의 마지막 소설인 〈설득〉(1818)은 유작이다. 이 작품은 앤 엘리엇과 웬워스 대령이 파혼하고 나서 8년 만에 결혼하는 이야기를 다루고 있다. 비평가들은 이 작품의 '가을의 정취'와 앤 엘리엇이 오스틴의 인물 중에서 나이가 가장 많으면서 자신감이 가장 없다는 데 주목한다.

작가의 죽음과 문학적 평가

오스틴은 세상을 떠나기 전 마지막 8년을 초튼에서 지

냈다. 그녀의 여생 역시 가족과 가까운 친구와 교류하는 정도로 관심사가 폭넓지 않았고, 성공한 작가로서 뿐만 아니라 온정과 사랑을 주는 친척 아줌마로서도 자부심을 갖고 보냈다. 그러던 중 갑작스럽게 병이 생겨(애디슨 병*으로 추정) 소설 〈샌디션 Sandition〉을 중단하고 1817년 42세를 일기로 세상을 등진다.

낭만주의 사조가 주류를 이룬 19세기였던 만큼, 감정보다 지성을 우위에 두었던 오스틴에 대한 평가는 그다지 높지 않았다. 그러나 19세기 말에 이르러 그녀의 명성이 커짐에 따라 '제인의 사람들'로 알려진 추종세력을 얻게 되었다. 미국에서 오스틴은 1900년까지 거의 알려지지 않았지만 20세기 중반에 접어들자 영국에서보다 더 비평가들의 관심을 집중시켰다. 20세기 후반 들어 오스틴과 그녀의 작품들이 대중적인 인기를 끌게 되면서 작품 대부분이 영화로 만들어졌고, 나중에는 다른 소설가들이 완성한 〈오만과 편견〉 속편, 〈샌디션〉과 더불어 제인 오스틴을 주인공으로 한 추리 소설까지 나오기에 이르렀다.

---

* **애디슨 병**(Addison's disease): 부신피질호르몬의 분비 부족으로 일어나는 병.

작가 노트

작품의 개요

출판 경로와 비평계 반응

제인 오스틴의 완성작 가운데서 가장 유명한 〈오만과 편견〉은 작가의 초기 작품이기도 하다. 이 소설은 원래 〈첫인상 *First Impressions*〉이란 제목으로 1797년에 쓰여진 것인데, 출판이 거부된 당시 원고는 전해지지 않는다. 1812년에 그 원고를 고쳐 1813년, 〈오만과 편견〉이란 제목으로 출판했는데, 세상에 나오기까지 여러 차례 손질되었던 것이 분명하다. 작품의 배경이 18세기 후반이 아니라 19세기 초반인 점도 이러한 사실을 뒷받침한다.

제인 오스틴의 작품 대부분은 작가 생전에는 비평가들에게 주목 받지 못했다. 〈오만과 편견〉은 ─초판이 1,500부가 팔려 나간 정도─독자들의 반응이 좋았고, 인물과 일상의 묘사가 뛰어나 19세기 초에 비평가들로부터도 호평을 받았다. 1817년, 오스틴이 사망한 이후 약 50년간은 비평가의 관심을 받지 못했어도 책은 계속 출판되었다. 그동안에는 몇몇 비평가들만 오스틴의 숙달된 기법과 인물을 만들어내는 재능을 높이 샀을 뿐이다. 1870년에 이르러 19세기 비평사에서 오스틴의 문학에 일획을 그었다고 할 만한 리처드 심슨의 논문이 나오면서 작가의 풍자 기법 등 작품의 복합성이 구체적으로 논의되기 시작했다.

오스틴에 관한 현대적인 접근은 1939년 메리 라셀의 〈제인 오스틴과 예술적 성과 *Jane Austen and Her Art*〉에서 시도되었다. 이 책에서 언급한 내용과 견해를 바탕으로 학자들은 오스틴의 작품을 구체적으로 다루기 시작했다. 〈오만과 편견〉은 1940년대에 본격적인 주목을 받은 이래로 심도 있게 연구되었고, 역사적·경제적·여성론적·언어학적 접근법을 비롯해서 다양한 비평 방식이 적용되었다.

여러 비평가들의 지적대로, 〈오만과 편견〉에서 인물의 성격은 작품이 전개되는 과정에 결정권을 쥐고 있다. 우연의 측면도 강하지만 행위의 반전을 주도하는 것은 인물의 성격인 것이다. 작품에서 인물의 약점은 빙리 양의 시기심에서 엘리자베스의 꽉 막힌 편견에 이르기까지 두드러지게 나타나고 있으나, 악행으로 이어지지는 않는다. 오스틴은 등장인물들에 대해 호의적인 자세를 고수하고 있는 것이다.

역사적인 맥락

오스틴이 활동하던 시기에 낭만주의가 최고조에 달한 것은 사실이지만, 막상 오스틴 자신은 낭만주의 사조의 대표 강령을 거부했다. 낭만주의에서는 감정의 분출을 격찬했지만 오스틴은 이성의 통제적인 기능을 우위에 두었다. 낭만주의가 제한을 두지 않는 것을 옹호했다면, 오스틴은 질서와 훈련에 바탕을 둔 신고전주의적인 신념을 고수했다. 낭만주의자들이 자연에서 인간을 자극해 사물의 기존 질서를 좋은 방향으로 바꿔놓을 초월적인 힘을 찾아내면서 기존 질서가 뿌리박힌 현실을 참담하게 여겼다면, 오스틴은 전통적인 가치를 옹호하고 확립된 사회 규범을 지지하는 쪽에 서서 인간이 처한 조건을 우주의 법칙에 포함시켜 생각했다. 당대의 사조가 자연의 아름다움을 크게 예찬한 반면, 오스틴은 그녀가 구사한 기법에서 보여주듯 배경 묘사에는 치중하지 않았으며, 자연을 아름답고 세세하게 다룬 적이 거의 없다.

오스틴의 작품 세계가 낭만주의라는 시대 조류에 편승하지 않은 것처럼, 그녀는 격류에 휘말렸던 주변 정세와 그 여파로 영국이 겪었던 소요 사태에 대해서도 인식하지 않은 것 같다. 물론, 그런 정치적 변동은 작품에 표현된 제한적인 영역에서 보면 먼 세상의 이야기였을 것이다. 나폴레옹 전쟁 등의 소요가 작가 당대에 발발했던 것은 사실이나 지방 중산층들의 일상에 별다른 영향을 미치지는 않았다. 그도 그럴 것이 군대는 하층 계급의 대중들로 채워졌고, 중상류층은 돈을 주고 장교로 임관되는 일이 비일비재했다. 〈오만과 편견〉에서 위컴이 바로 이런 방식으로 장교 지위를 갖게 된다.

덧붙여 말해 둘 것은 진보된 기계 문명이 18세기 식의 안정된 시골 생활을 흔들어 놓지는 않았다는 점이다. 산업 혁명과 거기에서 파급된 경제적 · 사회적 영향이 지대하기는 했지만 주로 노동자 계층에게 큰 변화로 다가갔다. 또한 영국 정치사의 기념비적인 선거법 개정 운동은 아직 발판을 내리기 이전이었다. 결과적으로 신기술의 도입은 〈오만과 편견〉의 출판 당시 일어난 일이지만 작품에는 나타나지 않는다.

비평 개괄

〈오만과 편견〉은 기억에 남을 만한 인물과 이야기의 호소력, 그리고 이야기를 풀어가는 방식으로 인해 오늘날까지 인기를 누리고 있다. 작품에서 오스틴은 반어법, 사실적인 묘사 및 대화를 통해 인물들을 구체화하고 읽는 재미를 높이는 역량을 발휘한다.

제인 오스틴의 반어법은 인물의 어리석음과 위선을 폭로하는 가공할 파괴력을 지녔다. 그녀의 기지는 늘 인물 스스로 착각하는 면이나 다른 사람을 우습게 만드는 지점을 향해 발휘된다. 작중 인물 엘리자베스가 지혜나 선의를 두고 비웃지 않기를 바란다고 말하게 만드는 방식에 주목하라.

〈오만과 편견〉을 읽은 독자라면 반어법이 다양하고 정교하게 구사되는 대목을 발견할 수 있다. 일부 인물들은 자기도 모르는 사이에 반어적이 된다. 이를테면, 베넷 여사는 한정 상속은 인정하지 못하겠다고 강변하는 한편, 콜린스 씨는 기꺼이 받아들인다. 다른 경우로, 베넷 씨와 엘리자베스는 작가의 반어적인 태도를 직접적으로 대변한다. 외동딸이라 다른 자매들과 미모를 견줄 필요가 없는 메리 베넷을 두고, 작가는 "아버지가 보기에 그 딸은 변화를 그다지 좋아하지 않는 것 같았다"라고 직접적으로 표현한다. 위컴과 리디아에게 위기가 닥쳤을 때 베넷 씨는 자신을 비꼬아 다음과 같이 말한다. "내 일생에서 한 번은 내가 비난받을 사람인 것 같아. 첫인상으로 사람을 판단하는 것에 문제가 있지는 않아. 인상이란 곧 사라지게 마련이거든."

엘리자베스의 반어법은 약하게 처리되어 있다. 언니 제인이 언제부터 다씨 씨를 좋아하게 되었느냐는 질문을 던지자 엘리자베스는 "서서히 진전되어서 언제 그런 느낌이 왔는지 잘 모르겠어. 그렇지만 처음 펨벌리에서 아름다운 저택을 보고 나서부터 교제를 해야겠다고 생각한 것 같아"라고 대답한다. 그러나 다씨가 끼어들어 언니 제인과 빙리의 사이를 멀어지게 한 점을 지적하면서 굳이 관심을 끊으려 한다. "그답지 않게 다씨 씨는 빙리 씨에게는 친절한 마음을 보이고 깊이 개입해서 보살피려고 해."

작가는 등장인물들과 독립된 위치에서 이야기를 풀어나가면서, 쉽게 눈에 띄지 않으면서도 예리한 판단력을 반어법을 통해 드러낸다. 메리턴 지역 사람들은 리디아가 위컴처럼 별 볼 일 없는 인물과 결혼하게 생겼을 때 좋은 마음으로 받아들이는데, 작가는 이 대목을 "그리고 이제 사람들은 그녀가 잘되었으면 하고 바라는 마음이었지만 이번과 같이 상황이 바뀌었다고 해도 그런 남편과 함께라면 그녀의 불행한 앞날은 뻔한 것이어서 앞서 나이 든 여인들이 욕하면서 시작한 나쁜 쪽의 바람과 큰 차이가 없었다"고 서술하고 있다.

오스틴은 웃음을 유발하거나 안 좋은 상황을 살짝 가리는 데도 반어법을 활용한다. 타의 추종을 불허하는 작가의 솜씨로 반어법은 도덕적 판단을 내리는 데 더할 나위없는 효과적인 장치가 된다.

대화 또한 〈오만과 편견〉에서 중요한 역할을 한다. 소설은 어느 날 베넷 부인이 남편에게 "네더필드에 결국 세들 사람이 정해졌다는 소식 들었어요?"라고 말하는 부부 간의 대화로 시작된다. 이어지는 대화는 딸을 시집보내는 데 혈안이 된 베넷 여사와 그러한 감정적인 아내에게 냉소적이고 빈정거림으로 일관하는 남편 베넷 씨가 주고받는 이야기다. 배경은 빙리네 사람들에게 가족이 소개되는 쪽으로 설정되지만, 우리가 등장인물을 이끌어가는 작품의 줄거리와 작가의 태도를 알아차리게 되는 것은 대화를 통해서다.

대화 한 마디 한 마디는 이 작품에서 가장 생생하고 중요한 부분이다. 그도 그럴 것이 오스틴 당대에 소설은 주로 소리 내어 읽혔기에 대화 형식의 비중은 상당히 높았다. 독자는 소설의 중요한 고비를 대화를 통해 알게 되며, 유명한 엘리자베스의 자기 인식 대목조차 "내가 얼마나 비열하게 군 건지"라는 혼잣말 형식으로 표현되어 있다.

등장인물의 말은 각각의 성격에 꼭 맞게 그들을 드러낸다. 엘리자베스는 솔직하고 재기가 번득이며, 그녀의 아버지는 냉소적이고, 콜린스 씨는 장황하고 어리석으며, 리디아는 경박하고 실속 없는 성격임이 말투에 배어나온다.

　　〈오만과 편견〉에서 일어나는 사건은 거의 모든 독자가 쉽게 부딪히는 일이다. 어리석은 친척 때문에 느꼈던 당혹스러움, 사랑에 빠져 흔들리는 감정, 그리고 나중에서야 크게 잘못 생각했음을 알고 느끼는 부끄러움 등이 그 예다. 이 소설의 심리적 사실주의는 주인공들이 어떻게 느끼는가를 독자들이 재빨리 인식하는 데서 드러난다.

　　엘리자베스가 다씨의 청혼을 거절한 후 서로 화를 내는 두 남녀의 심리, 아픈 상처를 안고 후회하는 모습, 그리고 시간이 지나면서 서로에 대한 생각이 180도 바뀌는 일 모두 아주 자연스럽게 전개된다. 사랑의 감정으로 한 발 한 발 다가가는 과정이 실제로 사람들이 느끼고 행동하듯 매우 섬세하게 묘사되고 있다. 엘리자베스가 자신의 진정한 모습을 깨닫는 순간은 아름답고 미묘한 필치로 그려지는데, 똑똑하고 감정이 풍부한 사람이 어떻게 심경의 변화를 일으키는지를 생생하게 보여준다.

　　그러나 오스틴 식 사실주의 작품을 대하면서 독자가 간과하지 않아야 할 것은 작가로서의 약점이 대단한 강점이 되었다는 점이다. 그녀는 자신이 아는 것을 이야기로 만들었다.

다시 말해, 광범위한 인간의 경험을 다루지 않았다는 것이다. 예컨대, 여자 주인공에 비해 남자 주인공들은 대충 묘사되어 우리는 세세한 심리까지 알지 못한다. 또한 오스틴은 소설을 쓰면서 극단적인 감정의 분출을 자제했다. 이를테면, 엘리자베스가 다씨를 받아들이는 극적인 장면에서도 거리를 두는 문체를 사용한다. 엘리자베스는 '유연하게는 아니지만 곧바로, 이제는 고맙고 기쁘게 그를 신뢰하게 되었는데… 그러기까지는 감정이 아주 근본적인 변화를 거쳤다'는 것이다. 오스틴을 혹평하는 사람들은 종종 감정 표현이 극적이지 않다는 점을 비난한다. 그렇다 해도, 영원히 기억에 남을 인물을 창조했고, 잘 짜여진 이야기 틀을 만들었으며, 사회를 향해 기지가 넘치는 예리한 비판을 던졌다는 점을 부인하기는 어려울 것이다.

줄거리

찰스 빙리라는 부자 총각이 네더필드 저택에 이사를 오자 이웃 주민들이 술렁인다. 특히 다섯 딸 가운데 하나의 혼처를 노리는 베넷 부인은 기대에 들뜬다. 이웃집 무도회에서 정식으로 빙리와 인사를 나눈 베넷 가의 딸들은 그의 사교적인 성격과 따스한 마음 씀씀이에 좋은 인상을 받는다. 하지만 빙리의 친구로 무도회에 참석한 피츠윌리엄 다씨는 지주 출신 귀족으로, 손님들과 말을 섞지 않는 오만한 사람으로 낙인찍

힌다. 엘리자베스 베넷은 다씨가 자기와 춤추지 않겠다고 하는 말을 귓결에 듣는다.

빙리와 베넷 가의 맏딸 제인은 곧 친해진다. 그러나 제인을 빙리의 아내로 삼기에는 신부 어머니의 낮은 지위가 문제라는 빙리 여동생들 반대에 부딪혀 두 사람만의 의미 있는 교제로 발전하지는 못한다. 다씨 역시 제인이 빙리에게 별 호감을 갖고 있지 않다는 생각에 신붓감으로는 반대한다. 한편, 시간이 지나면서 다씨는 베넷 집안 사람들에게 느낀 거부감과는 별개로 엘리자베스에게 매력을 느낀다. 그녀의 발랄한 재기와 호소력 있는 눈망울은 다씨의 시선을 사로잡고, 캐롤라인 빙리가 질투심에 엘리자베스를 험담해도 아랑곳없이 다씨의 탄복은 이어진다.

다씨가 엘리자베스에게 점점 호감을 갖지만, 그녀는 시종일관 다씨를 무시하고 잘생기고 풍채 좋은 육군 장교 조지 위컴에게 관심을 갖는다. 엘리자베스는 위컴의 아버지가 다씨의 아버지 밑에서 일했으며 위컴과 다씨는 어린 시절을 함께 보낸 사이라는 것을 위컴을 통해 알게 된다. 위컴은 다씨 아버지의 총애를 받았는데, 다씨 아버지가 목사직의 수입을 위컴에게 주라고 한 당부를 다씨가 홧김에 지키지 않았다고 전한다. 위컴의 말대로라면 다씨는 오만하고 인정머리 없는 사람이다. 위컴을 전적으로 믿는 엘리자베스는 다씨를 더 안 좋게 본다.

제인과 엘리자베스에 관한 이야기가 진행되는 도중에,

성직에 있는 윌리엄 콜린스라는 베넷 씨의 사촌이 방문한다. 그는 어떤 법정 분쟁 때문에 생긴 '한정 상속' 제도로 인해 베넷 씨가 사망하면 집을 넘겨받게 된 사람이다. 콜린스 씨는 한정 상속에 유감을 표시하는 한편, 연신 자신의 후원자 캐서린 드 버그 부인을 칭송하면서, 베넷 부인에게 캐서린 부인의 권고대로 신붓감을 베넷 가의 딸 중에서 고르기로 했다고 알린다. 콜린스는 엘리자베스를 마음에 두었지만 거절당하자 충격을 받고 불편한 심사를 드러낸다. 결혼을 마음먹은 그는 곧바로 상대를 바꿔, 엘리자베스의 친구 샬럿 루카스를 점찍는다. 샬럿은 사랑보다는 결혼을 통해 안정을 얻고자 했던 터라, 곧장 두 사람 사이에서는 약혼 말이 나오고 결혼에 이른다.

그즈음, 제인은 빙리를 포함해서 네더필드에 살던 사람들이 예고 없이 런던으로 떠났다는 사실을 알게 되자 실망한다. 캐롤라인 빙리는 제인에게 가족들이 돌아올 계획이 없으며 빙리와 런던에 있는 다씨의 동생 조지아나 사이에 혼담이 성사될 것이라고 편지로 알려준다. 당사자 제인은 큰 동요 없이 지내지만 엘리자베스는 언니 일로 분노하면서 빙리네 자매와 다씨가 공모하여 빙리와 제인을 못 만나게 하는 것은 아닌지 미심쩍어한다.

엘리자베스는 샬럿을 만나려고 켄트의 헌스포드를 찾아가고, 콜린스의 후원자이자 다씨의 아주머니뻘 되는 캐서린 드 버그 부인을 만난다. 이 부인은 다른 사람들 일에 세력을 행사하면서 참견하기 좋아하는 사람이다. 엘리자베스가 켄트에 도착한 지 얼마 되지 않아 다씨는 사촌 피츠윌리엄 대령과 함께 숙모를 만나러 그곳에 온다. 다씨의 행동은 엘리자베스에게 혼란을 준다. 같이 있고 싶어서 온 것 같은데 막상 말은 별로 없고, 어느 날 갑자기 청혼을 해서 엘리자베스를 놀라게 한다. 여전히 그의 오만함에 거부감이 있고, 빙리와 제인 사이를 멀어지게 하고, 위컴을 곤궁에 처하게 한 사람이 다씨라고 믿는 엘리자베스는 청혼을 단호히 거절한다. 다음날 다씨는 엘리자베스에게 제인에게서 빙리를 떼어놓은 자신의 입장과 위컴의 처지에 관한 실상을 자세히 밝히는 편지를 건넨다. 상황을 주의 깊게 따져보고 다씨가 오만할망정 잘못한 일이 없음을 알게 된 엘리자베스는 다씨에게 편견을 갖고 오만하게 대한 것을 부끄럽게 생각한다.

　한 달 정도 지나 집으로 돌아온 엘리자베스는 가디너 외삼촌 부부와 더비셔 군으로 여행을 하다가 다씨의 펨벌리 저택을 방문한다. 그곳에서 뜻밖에 다씨를 만난 그들은 그의 환대를 받고, 큰 호의에 모두들 놀란다. 그는 엘리자베스의 숙소를 찾아와서 여동생을 소개하고 펨벌리의 만찬에 초대한다. 다씨는 엘리자베스를 변함없이 사랑하고 있었고, 엘리자베스도 그에게 비슷한 감정을 느끼기 시작한다.

　일이 순조롭게 진행되는 가운데, 엘리자베스는 제인에게서 두 통의 편지를 받는다. 리디아가 위컴과 눈이 맞아 도주

했다는 내용이다. 엘리자베스와 가디너 부부는 당장 집에 가기로 한다. 엘리자베스는 리디아를 포함한 집안 사람들이 자기 앞길에 도움이 안 되기 때문에, 이제 싹튼 다씨와의 애정이 물거품이 될까봐 두렵다. 그러나 리디아의 소재가 밝혀지고 리디아와 위컴은 결혼한다. 결혼식 후에 엘리자베스는 그 결혼을 성사시킨 배후 인물이 다씨임을 알게 되고, 집안의 평판이 유지되고 집안 자매들의 결혼에도 아무런 걸림돌이 없게 되자 가슴을 쓸어내린다.

네더필드로 돌아온 빙리는 곧 제인에게 청혼하고, 모두가 예상하듯 제인은 청혼을 받아들인다. 베넷 부인도 그 사실에 기뻐하는데, 이따금 다씨가 나타나서 불쾌해 하기도 한다. 한편, 엘리자베스는 언니 생각에 행복해 하던 와중에, 다씨와 자신 사이에 혼담이 오간다는 소문을 들은 캐서린 드 버그 부인의 방문을 받는다. 그녀는 엘리자베스에게 그런 결혼이 얼마나 파렴치한 것인지 일장 연설을 하고 다씨의 청혼이 있더라도 절대 받아들이지 말라고 다그친다. 엘리자베스가 그녀의 요구를 거절하자, 캐서린 부인은 다씨에게 엘리자베스가 뻔뻔하다고 말을 옮기고, 어리석게 그런 혼담을 추진하는 그를 나무란다. 엘리자베스가 캐서린 부인의 요구를 따르지 않았다는 것은 그녀가 마음을 바꿨다는 의미라고 생각한 다씨는 용기를 내어 다시 청혼하고 이번에는 받아들여진다.

등장인물

엘리자베스 베넷 *Elizabeth Bennet* 총명하고 발랄한 처녀. 날카로운 기지로 사람들의 성격을 파악하기 좋아한다. 처음에는 다씨를 꺼리지만 시간이 지나면서 부정적인 첫인상을 바꾸고 결국 그와 사랑하는 사이가 된다.

피츠윌리엄 다씨 *Fitzwilliam Darcy* 콧대 높은 부자 청년. 엘리자베스와 사랑에 빠지면서 다소 무뚝뚝한 태도 너머로 친절하고 사려 깊은 성격을 드러낸다.

베넷 씨 *Mr. Bennet* 엘리자베스의 아버지. 빈정대기를 잘하며 감정을 드러내지 않는다. 불행한 결혼 생활을 하면서 아내와 딸들에게 경제적으로 안정된 기반을 마련해 주지 못하는 무능한 가장.

베넷 부인 *Mrs. Bennett* 엘리자베스의 어머니. 우스꽝스러우며 충동적인 언행을 일삼는다. 딸자식들을 결혼시키는 데 온 관심이 집중되어 있다.

제인 베넷 *Jane Bennett* 상냥하고 마음이 따뜻한 처녀. 베넷 가의 맏딸이며 엘리자베스와 속내를 터놓는 사이. 빙리를 사랑하게 되지만 감정을 드러내는 데 조심스러워한다.

메리 베넷 *Mary Bennett* 젠체하는 베넷 가의 셋째 딸. 교제보다 독서를 즐긴다.

캐서린 (키티) 베넷 *Catherine (Kitty) Bennett* 사교생활에 안달하는 베넷 가의 넷째 딸. 리디아를 따라다니며 장교들과 시시덕거린다.

리디아 베넷 *Lydia Bennett* 하는 짓이 어리고 책임감 없는 베넷 가의 막내딸. 어머니가 제일 좋아하는데, 위컴과 야반도주하여 가족들을 충격에 몰아넣는다.

찰스 빙리 *Charles Bingley* 천성이 착한 부잣집 청년으로 제인과 사랑에 빠진다. 주변 사람들, 특히 친한 친구 다씨의 말에 약하다.

캐롤라인 빙리 *Caroline Bingley* 빙리의 여동생으로 생각이 짧고 거만하다. 제인과 친구 사이지만 은근히 제인을 무시한다. 다씨의 관심을 끌려고 하다가 다씨가 엘리자베스에게 관심을 쏟자 질투한다.

허스트 부부 *Mr. and Mrs. Hurst* 빙리의 누나 부부. 허스트 부인은 밤낮 캐롤라인과 잡담을 일삼고, 남편 허스트 씨는 카드 놀이와 잠만 자는 사람이다.

조지 위컴 *George Wickham* 속물스러운 인물로, 잘생기고 풍채가 좋아 엘리자베스가 첫눈에 반한다. 리디아와 사랑의 도피 행각을 벌이다 결국 결혼한다.

캐서린 드 버그 부인 *Lady Catherine De Bourgh* 다씨의 콧대 높은 숙모. 콜린스를 좌지우지하며 자기 딸이 다씨와 결혼할 희망을 품고 있다.

드 버그 양 *Miss De Bourgh* 순하고 병약한 드 버그 부인의 딸.

피츠윌리엄 대령 *Colonel Fitzwilliam* 다씨의 사촌으로 예의 바르고 유쾌한 사람. 엘리자베스에게 관심을 갖지만 돈 많은 다른 여자와 결혼해야 한다고 생각한다.

조지아나 다씨 *Georgiana Darcy* 수줍음이 많고 마음이 따뜻한 다씨의 여동생.

콜린스 씨 *Mr. Collins* 베넷 씨의 사촌으로 베넷 씨 유고시 롱본 집을 상속 받게 되어 있는 인물로 우스꽝스럽게 그려진다. 캐서린 드 버그 부인의 권고를 받고 신붓감을 찾아 나서는데, 처음에 엘리자베스에게 청혼하고, 이어서 샬럿 루카스를 아내로 맞이한다.

샬럿 루카스 *Charlotte Lucas* 지적이고 지혜로운 엘리자베스의 친구. 돈과 안정을 찾아 콜린스와 결혼함으로써 엘리자베스를 실망시킨다.

윌리엄 루카스 경과 부인 *Sir William and Lady Lucas* 샬럿의 부모이자 베넷 집안의 이웃 부부.

가디너 부부 *Mr. and Mrs. Gardiner* 베넷 부인의 오빠 부부로 교양 있고 지적이다.

필립스 부부 *Mr. and Mrs. Phillips* 베넷 부인의 여동생 부부로 남편은 지방 변호사이고 아내는 속물스럽다.

등장인물 관계도

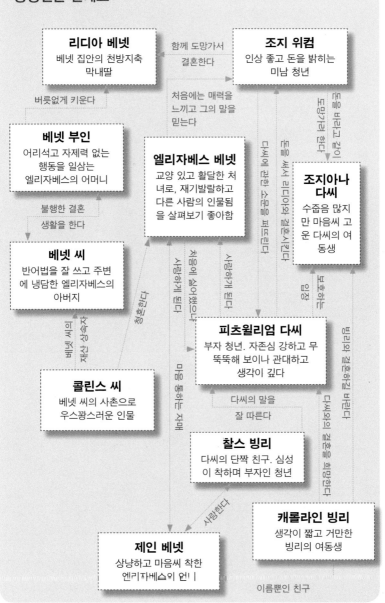

리디아 베넷
베넷 집안의 천방지축 막내딸

함께 도망가서 결혼한다

조지 위컴
인상 좋고 돈을 밝히는 미남 청년

버릇없게 키운다

처음에는 매력을 느끼고 그의 말을 믿는다

베넷 부인
어리석고 자제력 없는 행동을 일삼는 엘리자베스의 어머니

엘리자베스 베넷
교양 있고 활달한 처녀로, 재기발랄하고 다른 사람의 인물됨을 살펴보기 좋아함

돈을 바라고 같이 도망가려 한다

다씨에 관한 소문을 퍼뜨린다

돈을 써서 리디아와 결혼시킨다

조지아나 다씨
수줍음 많지만 마음씨 고운 다씨의 여동생

불행한 결혼 생활을 한다

베넷 씨
반어법을 잘 쓰고 주변에 냉담한 엘리자베스의 아버지

청혼한다

처음에 싫어했으나 사랑하게 된다

사랑하게 된다

보호하는 입장

다녀서 조카 결혼상대

콜린스 씨
베넷 씨의 사촌으로 우스꽝스러운 인물

피츠윌리엄 다씨
부자 청년. 자존심 강하고 무뚝뚝해 보이나 관대하고 생각이 깊다

빙리와 결혼하길 바란다

마음 통하는 지인

다씨의 말을 잘 따른다

찰스 빙리
다씨의 단짝 친구. 심성이 착하며 부자인 청년

다씨와의 결혼을 희망한다

사랑한다

제인 베넷
상냥하고 마음씨 착한 엘리자베스의 언니

캐롤라인 빙리
생각이 짧고 거만한 빙리의 여동생

이름뿐인 친구

Chapter별 정리노트

Chapters 1-5

네더필드 파크 사람들

허트포드셔 마을 사람들은 부유한 독신남이자 신사인 빙리 씨가 넓은 대지가 있는 대저택 네더필드 파크에 세를 내고 들어오기로 했다는 소식에 들떠 있다. 그가 마을에 도착하자 베넷 부인은 남편에게 빙리를 만나 다섯 딸들을 소개해 그의 관심을 끌 수 있는 기회를 마련해 보라고 재촉한다. 베넷은 아내의 계획이 별로 마음에 들지 않았지만 빙리를 방문하게 되고, 베넷 부인과 다섯 딸들—제인, 엘리자베스(리지), 메리, 캐서린(키티), 리디아—은 몹시 기뻐한다.

빙리는 베넷의 집을 답방하지만 베넷의 딸들은 마을에서 무도회가 열릴 때까지 그를 만날 기회를 갖지 못한다. 빙리는 무도회에 두 누이 부부, 그리고 친구인 다씨와 동행한다. 빙리가 외향적이고 친근한 성격으로 사람들에게 좋은 인상을 심은 반면, 다씨는 오만하고 퉁명스럽고 냉정하다는 말을 듣는다. 특히 빙리가 다씨에게 엘리자베스와 춤을 추라고 권했으나 그가 거절하는 소리를 우연히 듣게 된 엘리자베스는 마음이 상한다.

무도회가 끝난 뒤 제인과 엘리자베스는 빙리가 제인에게 관심을 보이는 것에 대해 얘기를 나눈다. 제인은 빙리가 매력적이며, 자신에 대해 좋게 말해서 기분이 좋았다고 고백한다. 엘리자베스는 자신과 제인의 성격에 차이가 있다는 말을 하면서, 언니는 언제나 사람들에게서 좋은 점을 찾으려 하기 때문에 그들의 결점을 보지 못한다고 지적한다. 한편, 네더

필드에서는 빙리와 그의 누이들, 그리고 다씨가 무도회와 참석자들을 평가하고 있다. 무도회에 대한 각자의 의견이 다르긴 해도 제인이 아름답고 상냥하다는 것에 대해서는 모두 같은 생각이다.

무도회에 대한 얘기가 계속되는 동안, 베넷의 이웃인 윌리엄 루카스의 딸들이 방문한다. 장녀인 샬럿은 엘리자베스의 절친한 친구다. 그녀도 엘리자베스와 마찬가지로 다씨의 성격이 냉정해서 유감이라면서도 다씨의 가문과 재산을 보면 오만하게 굴 만하다고 말한다. 엘리자베스도 그말을 인정하지만, 그에게 화가 나는 이유는 자기 자존심에 상처를 입혔기 때문이라고 한다.

오스틴은 첫 문장에서 "상당한 재산을 가진 독신남에게 반드시 아내가 필요하다는 것은 보편적으로 알려진 진리다"라고 서술하면서, 〈오만과 편견〉이 다루는 주요 주제와 논조를 솜씨 좋게 제시하고 있다. 이 문장은 소설의 중심을 이루는 결혼이란 주제를 제시함과 동시에, 소설 전반에 걸쳐 언어와 구조면에서 작가가 사용하고 있는 반어법의 어조를 보여준다.

오스틴 소설의 해학과 예술성을 충분히 감상하려면 먼저 반어법이 무엇이고 문학 작품에서 그것이 어떻게 사용되는지를 알아야 한다. 가장 기본적인 의미에서 반어법은 특정 단어를 글자 그대로의 의미와는 다르거나 반대되는 어떤 것을 표현하기 위해 사용하는 것이다. 예를 들어, 첫 문장은 말 그대로 보면 "부유한 독신남이 아내를 찾고 있다는 것은 누구나 알고 있다"는 뜻이 된다. 그러나 반어적으로 읽으면 그 문장은 다른 뜻을 지닌다. 즉, "돈푼깨나 있는 총각은 그의 아내가 되고 싶은 여자들의 목표물이 되게 마련이라는 점은 누구나 알고 있다"가 된다. 게다가 오스틴은 어느 한 가지를 의미하는 듯하다가 나중에는 다른 것을 뜻하게 되는 상황 속에 등장인물들을 배치하면서 줄거리 구조에서도 반어법을 사용한다.

오스틴의 다른 소설들과 마찬가지로 〈오만과 편견〉에서도 반어법은 사회와 인간성을 엿보는 돋보기로 사용된다.

작품을 통해 오스틴은 시골 마을이라는 제한된 사회 속에서의 사교 관계를 종종 풍자적이고 해학적인 눈으로 상세하게 탐구해 간다. 베넷 부부를 묘사하는 방법을 예로 들면, 오스틴은 우선 그들의 대화 예법을 통해 대조적인 성격을 드러낸다. 베넷 부인은 연신 재잘대고, 베넷 씨는 부드럽지만 냉소적인 어투로 그녀의 말을 되받아친다. 하지만 부인은 조롱하는 어투를 전혀 느끼지 못한다. 오스틴은 이 부부의 대화를 통해 독자들에게 그들의 대조적인 면을 이해시킨 다음, 두 사람의 서로 다른 성격을 전반적으로 요약해 준다. 서로의 오해를 극복하고 행복한 결혼에 이르게 되는 남녀에 관한 소설에서 독자들은 이렇게 잘못 짝이 맺어져서 의사소통이 안 되는 부부를 먼저 보게 되는 것이다.

빙리가 마을에 왔을 때 베넷 부인이 느끼는 흥분을 나머지 이웃사람들도 느끼기는 마찬가지다. 이러한 분위기를 통해 독자들은 시골 사회의 성격이 어떤지 어렴풋이 알게 된다. 마을 사람들이 빙리를 보게 되면서 호기심과 소문이 무성해지고, 빙리가 허트포드셔에 새로운 사람들을 데려오자 그들이 무도회에 모습을 드러낼 때까지 그들 일행의 규모와 신분에 대한 새로운 소문들이 퍼져나간다. 이렇게 뒷얘기를 좋아하는 작은 마을 분위기는 전체적으로 사회의 축소판이다. 소설의 화자가 허트포드셔 사람들의 행동에 대해 논평한다면 그것은 종종 전체 사회에 대한 오스틴의 시각으로 이해해도 무리가 없다.

인물탐색 무도회가 끝나고 엘리자베스와 제인이 무도회 참석자들에 대해 이야기를 나눌 때도 그들의 성격이 보다 상세하게 드러난다. 제인은 항상 사람들의 좋은 점을 보려는 상냥하고 따뜻한 마음씨를 가진 처녀로, 엘리자베스는 인간성을 날카롭게 관찰해서 주저하지 않고 판단을 내리는 사람으로 묘사된다. 엘리자베스는 제인이 사람들의 결점을 보지 못한다고 말하는데, 이러한 비난은 나중에 엘리자베스가 외모와 편견에 대한 자신의 맹목성를 깨닫게 될 때 반어적으로 작용한다.

주제탐색 오스틴은 루카스 일가가 베넷 가족을 방문해 무도회에 관한 이야기를 나눌 때 엘리자베스의 절친한 친구인 샬럿 루카스가 어떤 성격인지도 보여준다. 이 장면에서 샬럿의 대사는 간단하다. 그러나 그녀가 하는 말은 소설 후반부에서 좀더 분명히 드러나게 되는 그녀의 성격을 암시한다. 다씨의 오만한 성격에 관해 샬럿은 "그의 오만함은 이유가 있는 것이기 때문에 다른 오만함처럼 기분이 나쁘진 않아. 가문이며 재산이며 모든 것이 꿀릴 게 없는 멋진 젊은이가 자신을 대단하다고 생각하는 것은 당연하거든. 그를 오만하다고 표현해도 그는 그럴 권리가 있어"라고 말한다. 다씨의 오만함에 대한 샬럿의 평가는 19세기 영국에 널리 퍼져 있던 부와 신분에 대한 시각을 나타낸다. 소설이 진행되면서 샬럿은 계속해서 사회관, 특히 돈과 결혼에 대한 견해를 피력한다.

Chapters 6-9

:줄거리 네더필드에서

　제인과 엘리자베스는 네더필드 사람들과 많은 시간을 보낸다. 캐롤라인 빙리와 허스트 부인이 제인을 가장 좋아하는 듯 보이고, 빙리와 제인은 더욱 친해진다. 한편, 엘리자베스는 빙리 양과 허스트 부인이 건방지다고 생각하면서도, 그들의 오빠는 물론, 그와 제인 사이에 형성되는 관계를 좋게 생각한다. 다씨에 대해서는 오만하고 다른 사람과 어울리기를 싫어하는 인물이란 생각을 떨치지 못한다. 그녀는 다씨가 자기를 남다르게 평가한다는 것과 그가 그녀에게 매력을 느끼기 시작했다는 사실을 모르고 있다. 그가 빙리 양에게 엘리자베스가 '고운 눈'을 가지고 있다고 얘기하는데, 빙리 양은 엘리자베스와 결혼하고 싶은 것이냐며 질투심에서 그를 놀린다.

　어느 날 아침, 캐롤라인 빙리가 제인에게 저녁식사를 하러 네더필드에 오라고 초청한다. 비가 올 것을 예감한 베넷 부인은 마차를 타지 말고 말을 타고 가도록 한다. 밤에 돌아오지 못해 네더필드에서 하룻밤을 보내게 만들 작정이었던 것이다. 계획은 제대로 들어맞아서 다음날 아침 베넷 가족은 제인이 전날 네더필드로 가다가 비에 흠뻑 젖어 병에 걸렸으며, 그녀가 회복될 때까지 네더필드에 머물러야 할 것이라는 편지를 받는다. 부인은 제인이 빙리 씨 집에서 오래 머물게 되었다는 생각에 흡족해 한다. 그러나 엘리자베스는 걱정이 되어 언니가 잘 견뎌내는지 직접 살펴보러

3마일을 걸어 네더필드로 간 엘리자베스는 생각했던 것보다 제인의 병세가 심하다는 사실을 알게 된다. 빙리 양은 마지못해 그녀를 제인과 함께 머무르게 한다.

엘리자베스는 거의 제인과 함께 지내지만, 저녁식사를 하고 난 후 응접실에서 빙리네 사람들과 자리를 함께하기도 한다. 빙리 양과 허스트 부인은 엘리자베스 앞에서는 공손하지만, 뒤에서는 그녀가 제인을 보러 네더필드까지 걸어온 것을 들먹이며 흉을 본다. 그러나 빙리와 다씨는 그녀에 대해 좋게 말한다.

다음날, 베넷 부인과 키티, 리디아가 제인의 상태를 살피러 네더필드를 방문한다. 엘리자베스는 가족들의 눈치 없는 행동에 당황한다. 베넷 부인은 빙리의 호감을 사려고 살갑게 굴면서 다씨에게는 속이 보일 정도로 무례하게 군다. 그리고 리디아는 무도회를 열겠다고 한 약속을 지키라며 지나칠 정도로 빙리를 조른다. 천성이 착한 빙리는 제인이 낫는 대로 무도회를 열겠다고 말한다.

:풀어보기

소설 전반에서 엘리자베스와 다른 여성들을 구분 짓는 두 가지 특징은 그녀의 기민한 재치와 불타는 열정이다. 소설의 이 대목에서 그녀는 친한 친구와의 대화, 이웃 모임, 그리고 그녀보다 사회적 지위가 높은 상류층 사람들과 자리를 같이하는 경우 등, 다양한 상황에서 이러한 특성을 보여준다. 이 모든 실례에서 보듯 엘리자베스는 〈오만과 편견〉에 등장하는 인물들뿐만 아니라 독자의 마음을 끄는 열정과 총명함을 보여주고 있다.

문체 탐색 엘리자베스의 재치는 결혼해야 되는 이유에 대해 샬럿과 대화할 때, 그리고 교양 있는 여성의 존재에 대해 다씨와 대화할 때 잘 드러난다. 독자들은 정확하고 빠르게 의견을 전달하고 되받아치는 그녀의 말에서 힘을 느낀다. 또한 오스틴은 엘리자베스의 행동을 통해서도 그녀의 발랄한 성격을 보여준다. 소설 전체에서 엘리자베스는 육체적인 활동, 특히 걷기를 즐기는 것으로 묘사된다. 아픈 언니를 보기 위해 롱본에서 네더필드로 3마일이나 떨어진 거리를 기꺼이 걸어가는 모습에서 독자들은 처음으로 이러한 성향을 발견하게 된다. 엘리자베스의 이런 행동에 대한 캐롤라인 빙리와 허스트 부인의 경멸적인 반응은 당시 요조숙녀들 사이에서는 그것이 바람직하지 않은 행동이었음을 나타낸다.

인물 탐색 엘리자베스를 다른 여성들과 구분 짓는 특성들이 다씨에게는 매력으로 작용한다는 점은 흥미롭다. 처음에 그는 그녀의 얼굴이 '아름다운 까만 눈동자로 인해 특별히 총명해 보인다'는 생각을 한다. 다씨는 그녀의 얘기를 들으면서 자신의 생각을 표현하는 능력에 매료되어 그녀에게 '아주 정력적으로' 말한다고 얘기해 준다. 게다가 그는 엘리자베스의 '경쾌하고 즐거운' 모습과 그녀의 태도에서 나타나는 '편안한 장난기'에 마음이 끌린다. 그녀가 네더필드로 걸어갈 때는 '운동으로 인해 활기를 주는 생기발랄함을 칭찬하고' 싶은 생각마저 들 정도다.

교양 있는 여성의 필수 조건에 관해 다씨, 빙리 양, 엘리자베스가 토론하는 장면에서 다씨는 엘리자베스의 그런 매력을 더욱 분명하게 느낀다. 빙리 양은 다씨와의 대화와 장난기 섞인 행동을 통해 다씨 부인이 되고 싶다는 소망을 이미 드러낸 바 있다. 그러나 여기서 오스틴은 빙리 양과 엘리자베스를 동시에 다씨와 연관 지으면서 두 사람을 직접적으로 대비시키고 있다. 빙리 양은 다씨가 말하는 것에는 뭐든지 동의하지만, 엘리자베스는 반대 의견으로 그의 말을 되받는다. 엘리자베스가 자리를 떠난 뒤 빙리 양이 엘리자베스가 남자들의 환심을 사기 위해 그렇게 말한다며 험담을 시작하자, 다씨는 빙리 양의 위선을 교묘하게 비난한다.

다씨에 대한 빙리의 행동은 독자들에게 "상당한 재산을 가진 독신남에게 반드시 아내가 필요하다는 것은 보편적으로 알려진 진리다"라는 첫 문장을 상기시킨다. 오스틴은 허트포드셔의 어머니들이 얼마나 필사적으로 딸들을 빙리에게 보내고 싶어하는지 보여주면서도, 다씨가 빙리보다 훨씬 부자라는 것을 분명하게 언급해 왔다. 그런데도 중매쟁이들이 그를 염두에 두지 않는 이유는 내성적이고 오만한 행동 때문이다. 그러나 캐롤라인 빙리는 그의 행동을 싫어하지 않는다. 아마 그는 상당히 많은 귀족 여성들로부터 비슷한 구애를 받았을 것이다. 따라서 자신을 싫어하는 마음을 숨기지 않는 엘리자베스의 솔직함이 다씨에게는 신선하게 다가왔을 것이다. 빙리 양과 허스트 부인이 다씨가 익숙해져 있는 여성들의 본보기라면, 엘리자베스의 활기찬 태도는 그녀에게는 그와 그의 재산이 안중에 없다는 사실만큼이나 다른 모습이었음에 틀림없다.

주제 탐색 ▶ 오늘날의 독자들이 19세기 사회 배경을 조금만 알아도 오스틴의 반어적인 사회 논평을 이해하는 데 도움이 된다. 빙리 양과 허스트 부인은 가짜 신사계급에 속하는 제인과 그의 친척들, 혹은 변호사인 그들의 필립스 이모부처럼 땅을 소유하지 않은 전문 직업인들을 조롱한다. 다씨 같은 지주 계급이나 빙리처럼 곧 지주 계급이 될 사람들은 상인들을 사회적으로 열등하다고 생각하곤 했다. 엘리자베스의 아버지는 지주 계층에 속하지만 어머니는 상인 집안 출신이다. 결과적으로 빙리의 누이들 같은 상류층이 볼 때는 모계 가문 배경 때문에 제인과 엘리자베스의 사회적 지위는 떨어지는 것이다. 그러나 오스틴이 앞서 '그들 오빠와 그들의 재산은 장사를 통해 얻어진 것'이었다고 말했듯이 베넷 일가에 대한 그들의 비판에는 어폐가 있다. 다시 말해, 빙리가 물려받은 재산은 그들이 지금 경멸하고 있는 바로 그 환경에서 벌어들인 것이기 때문이다.

Chapters 10-14

 아버지의 상속자 콜린스

　제인이 기운을 차리자, 엘리자베스는 빙리 가족, 허스트 부부, 그리고 다씨와 함께 응접실에서 저녁 시간을 보내게 된다. 그녀는 빙리 양이 드러내놓고 다씨에게 장난을 걸지만 그가 아무런 반응도 보이지 않는 것을 목격하게 된다. 엘리자베스는 성격에 대한 대화, 특히 빙리와 다씨 사이의 대조적인 성격에 대해 사람들이 토론하는 것에 관심을 보인다. 그들은 빙리가 충동적이고 감수성이 예민한 반면, 다씨는 이성과 사고력이 강하다고 말한다. 엘리자베스는 다씨의 말에 종종 따지듯이 반응하지만 다씨는 그녀에게 더욱더 매력을 느끼게 되고, "그녀만큼 그의 마음을 사로잡는 여성은 없었다"는 사실을 깨닫게 된다. 그는 그녀의 일부 친척들 때문에 매력적인 그녀에게 다가가지 못하고 있을 뿐이다.

　다음날 아침, 충분히 회복된 제인은 저녁식사 후에 응접실에서 그들과 자리를 함께하게 된다. 이내 빙리가 제인의 관심을 사로잡자, 엘리자베스는 빙리 양이 다씨와 잡담하는 것을 지켜보게 된다. 마침내 빙리 양이 엘리자베스에게 함께 방이나 둘러보자고 해서 그녀는 다씨와 대화를 나누게 되고, 어리석음과 약점과 오만에 대해 논쟁을 벌인다.

　엘리자베스에게 마음이 끌리는 것이 괴로운 다씨는 그녀가 네더필드에 머무는 동안 의식적으로 관심을 갖지 않기로 결심한다. 그동안 제인의 병세가 많이 회복되어 엘리자베스와 제인은 집으로 돌아가고 싶어한다.

베넷 부인이 마차를 보내지 않으려 했기 때문에 그들은 빙리의 마차를 빌려 일요일에 떠난다. 제인이 네더필드에 온 지 닷새 만이었다. 베넷 부인은 그들이 네더필드를 그렇게 빨리 떠나는 것이 마음에 내키지 않았지만, 베넷은 딸들이 다시 집으로 돌아오게 된 것이 기쁘다.

제인과 엘리자베스가 집으로 돌아온 다음날, 아버지가 오후에 손님이 올 것이라고 알린다. 윌리엄 콜린스라는 베넷 씨의 사촌이자 베넷이 죽은 뒤 롱본을 물려받을 남자다. 상속 용어로 그 부동산은 한정 상속, 즉 남자 상속자에게 주도록 한정된 것이었다. 베넷의 자식들은 모두 여자여서 법에 의해 그 재산은 가장 가까운 남자 친척인 콜린스에게 가도록 되어 있다. 베넷은 자신이 죽으면 상속자인 콜린스가 '마음만 먹으면 아내와 딸들을 모두 이 집에서 내쫓을 수도 있다'는 사실을 말해 준다.

콜린스는 잘난 체하는 성격과 비굴한 성격이 교묘하게 결합된 사람으로 묘사된다. 그는 헌스포드의 교구목사라는 지위와 캐서린 드 버그 부인이 자기 후견인이라는 사실을 자랑하면서, 그 부인의 의견이 자기 생각인 양 서슴지 않고 장황하게 늘어놓는다. 동시에 공손한 태도와 과장되게 사과하는 모습도 연신 보여준다. 예를 들면, 그가 베넷 가족이 요리사 하인을 둘 형편이 안 되는 사실을 지적하는 바람에 베넷 부인의 마음을 상하게 하는 일이 있었는데, 그 일에 대해 매우 장황하게 사과를 한다. 베넷 씨는 그가 우스꽝스럽다는 생각을 하면서 흥미를 느끼는 반면, 키티와 리디아는 소설을 전혀 읽지 않는다는 콜린스의 말에 충격을 받는다. 대신에 포다이스의 설교를 읽어주려고 하던 그는 리디아가 화제를 바꿔버리자 불쾌해 한다.

·풀어보기

주제 탐색 콜린스의 방문으로 상속제도 문제가 전면에 드러나면서 독자들은 베넷 부인이 왜 그렇게도 딸들을 결혼시키고 싶어하는지 이해하게 된다. 그녀는 결혼이 가져다줄 수도 있는 명성이나 재산에 마음이 없는 것은 아니지만 단순히 그 이유만으로 딸들을 결혼시키려고 안달하는 것은 아니다. 오히려 그보다 시급한 상속 문제 때문이다. 아들이 없는 베넷이 사망하면 즉시 부동산은 딸들이 아닌 콜린스가 물려받도록 되어 있다. 베넷은 돈을 잘 관리하지 못했기 때문에 아내와 미혼인 딸들은 거의 곤궁한 상태에 처할 형편이다. 따라서 베넷 부인은 딸 하나만이라도 부자 남편과 맺어주어야 사위가 그 딸을 보살펴줄 것이고, 자기와 결혼하지 않은 딸들 역시 그녀의 도움을 받을 수 있다고 생각하는 것이다.

아주 평범한 행동과 사건을 매개로 등장인물들을 독특하게 만들어내는 놀라운 솜씨에 주목해 보는 것도 오스틴의 작품을 읽는 즐거움 가운데 하나다. 예를 들어, 이 부분에서는 다씨와 콜린스의 성격 전개가 특히 흥미롭다. 두 사람의 개성은 비슷한 행동들―편지 쓰기, 말하기, 독서―을 통해 드러나지만 같은 행위를 하는 그들의 태도가 다르다. 작가는 그런 모습들을 묘사하면서 개성 차이를 보여주고 있다.

〈오만과 편견〉에 나오는 많은 편지와 편지에 대한 이야기에서 알 수 있듯, 전보나 전화 같은 기계장치들이 생겨나기 전에는 편지가 매우 중요한 의사소통 방식이었다. 다씨와 빙리의 대화에서도 언급되지만 글 쓰는 방식은 그 사람의 사고를 반영한다. 빙리의 누이들이 말하듯, 빙리처럼 충동적이고 변덕스러운 사람은 '생각지도 못할 정도로 경솔하게' 편지를 쓴다. "그는 할 얘기를 절반은 빼먹고 나머지는 무슨 말인지도 모르게 만든다."

반면, 다씨가 편지를 쓰는 방식은 전혀 다르다. 그는 '좀 느릿느릿' 쓰고 내용은 '일반적으로 길다.' 빙리 양의 말에 의하면 균형 있게 편지를 쓰는 사람이며, 빙리는 그런 점을 두고 "그는 쉽게 편지를 쓰는 법이 없어. 네 마디를 쓰는 데도 너무

연구를 많이 하거든"이라고 말한다. 이 같은 다씨의 편지 쓰기 방식은 그의 성격에 대한 이해를 넓혀준다. 다시 말해 다씨는 상황을 곰곰이 생각하는 편이고, 어떤 선택이나 결정을 할 때뿐만 아니라 편지를 쓸 때도 적절한 단어를 골라 쓰려고 고민할 정도로 신중하다. 누구에게 편지를 쓰느냐 하는 것 역시 어떻게 편지를 쓰느냐 만큼이나 중요한 법. 여동생 조지아나에게는 세심하게 단어를 골라 장문의 편지를 씀으로써 동생을 아끼고 오빠로서 진지하게 책임감을 느끼고 있다는 것을 보여준다. 여동생을 향한 이 같은 애정 표현은 그를 차갑고 냉정한 사람으로 여기는 엘리자베스의 인식과 대조를 이룬다. 그러나 독자들이 그 편지를 읽을 수 없는 것과 마찬가지로 엘리자베스 역시 아직 진정으로 다씨를 파악할 수 없다.

한편, 콜린스도 편지 쓰는 방식을 통해 베넷 씨뿐만 아니라 독자들에게 자신이 어떤 사람인지를 보여준다. 그 편지는 콜린스가 오만함과 순종성이 야릇하게 뒤섞인 사람이란 느낌을 준다. 콜린스는 가족의 일원으로서 자주 연락하지 못한 점에 대해서는 단 한 문장으로 사과하고, 이어 성직자로서의 자기 위치와 후원자에 대한 자랑만 늘어놓는다. 그런 다음, 다시 베넷 가의 딸들의 마음을 상하게 했는지 모르겠다며 사과하기 시작한다. 그리고 사과할 때나 자랑할 때나 무엇에도 아랑곳 하지 않고 매우 장황하고 복잡한 문장으로 감정을 전달한다. 이 편지를 통해 엘리자베스는 그가 지각력이 부족한 사람이라고 정확하게 평가한다.

다씨와 콜린스의 편지 쓰는 방식이 두 사람의 성격을 반영하듯, 그들이 말하는 방식도 마찬가지다. 글을 쓰는 것이 느리고 단어 선택에 신중한 다씨는 말도 느리고 신중하게 하고 어떤 단어도 허투루 쓰지 않는다. 그러나 이렇게 과묵한 사람이 엘리자베스에게는 쉽사리 자극을 받아 말이 빨라지면서 쉽게 토론에 빠지는 모습을 보면 흥미롭다. 조지아나에게 편지를 쓰는 동안 빙리 양이 관심을 끌려고 애쓸 때도 그는 퉁명스러운 말이나 침묵으로 응대하지만, 엘리자베스가 논평을 하자마자 그녀의 총명함과 재치에 분위기를 맞추면서 자상하게 응대하기 시작한다. 엘리자베스에 대한 이러한 반응은 그가 그녀의 날카로운 마음을 자극하고 그것에 자극받는 것을 얼마나 좋아하는지 암시한다.

반면, 콜린스가 말하는 방식은 두서가 없다. 그는 편지를 쓸 때처럼 떠오르는 대로 사소한 일에 대한 끝없는 사과에서부터 무례함에 대한 도도한 도덕적 훈시에 이르기까지 장황하고 마구 뒤얽힌 문장들을 주워섬긴다. 보통 다씨의 경우는 누군가가 그를 끌어들여야 대화가 되지만, 콜린스는 그럴 필요가 없다. 사실, 그는 남이야 무엇을 말하고 싶어하든 무슨 생각을 하든 별 관심이 없고, 자기와 캐서린 드 버그 부인의 생각만을 전달하면 되는 사람이다. 그의 이야기를 본인보다 더 재미있게 듣는 사람은 캐서린 부인뿐인 것 같다.

여기서 오스틴은 그들의 독서 방식을 보여줌으로써 성격 묘사를 마무리한다. 소설 앞부분에서 묘사된 다씨의 거대한 서재는 다씨와 그의 가족들이 책과 독서를 좋아한다는 것을 암시한다. 빙리 양도 다씨가 카드 놀이 같은 사교 활동보다 독서 등의 고독한 활동을 더 좋아한다고 말한다. 다씨가 책을 읽고 있으면 그의 관심을 끌기가 거의 불가능하다는 것을 잘 아는 빙리 양은 엘리자베스에게 방이나 둘러보자고 청하는데, 그때서야 겨우 그는 관심을 보인다. 다씨는 엘리자베스와 대화할 때 과묵한 성격에서 벗어나는 것처럼, '책에 빠져 있다가도' 엘리자베스가 방을 서성거리면 독서를 중단한다.

반면, 콜린스는 완전히 다르다. 그는 소설을 거부하고 접하는 책의 범위가 제한되어 다씨와 대비된다. 게다가 다씨가 조용히 읽는데, 콜린스는 베넷 가족들에게 큰소리로 읽어주겠다고 한다. 그리고 모두가 좋아할 책을 고르기보다는 설교책을 골라 '매우 단조롭고 엄숙하게' 읽는다. 그의 독서 방식은 말하고 편지를 쓰는 방식만큼이나 강압적이고 우스꽝스럽다. 마찬가지로 다씨의 독서는 내성적이고 고고한 성품을 반영한다.

Chapters 15-18

 위컴의 등장과 편견

한정 상속 때문에 베넷 일가에 의무감을 느낀 콜린스는 베넷의 딸들 중 한 사람에게 청혼할 계획을 세운다. 베넷 부인이 제인은 곧 약혼할 예정이라고 말하자, 엘리자베스에게 청혼하기로 결심한 그는 리디아와 키티가 메리튼으로 갈 때 엘리자베스와 함께 따라나선다. 리디아와 키티는 장교들과 만나는 것을 매우 좋아해서 틈만 나면 그곳에 가는 편이다. 모두의 관심은 새로 부임한 장교 조지 위컴에게 쏠린다. 그는 잘생긴 용모와 매력적인 태도로 엘리자베스의 마음을 사로잡는다. 엘리자베스와 동생들이 위컴과 얘기를 나눌 때 말을 탄 다씨와 빙리가 그들에게 다가온다. 엘리자베스는 다씨와 위컴이 아는 사이인 것을 알고는 마음이 복잡해진다. 마지못해 인사를 나누게 된 위컴은 얼굴이 창백해지고, 다씨는 화가 난 표정을 지었던 것이다.

다음날 아침, 베넷 가의 딸들과 콜린스는 베넷 부인의 동생 필립스 부인과 저녁식사를 하러 메리튼으로 간다. 그곳에는 위컴을 포함해 장교들도 몇 명 있다. 위컴은 엘리자베스를 찾아 카드 놀이를 하는 사이 동석한다. 위컴은 엘리자베스에게, 자기 아버지가 다씨 아버지의 집사였고 자신은 다씨와 함께 자랐다는 이야기를 들려준다. 그녀는 놀랄 따름이다. 그는 다씨 아버지의 총애를 받았고, 그 양반이 돌아가시면 다씨 가문이 관할하는 교구의 성직자 직을 받기로 되어 있었다. 그러나 다씨가 질투심

에서 그 자리를 다른 사람에게 넘겨버린 것 같은데, 그 바람에 위컴은 스스로 생계를 꾸려야 했다는 것이다. 그러면서 다씨와 그의 누이가 오만하고 불쾌한 사람들이라고 말하자, 엘리자베스는 전적으로 동의한다.

엘리자베스가 위컴의 이야기를 제인에게 들려주자 그녀는 위컴과 다씨 사이에 틀림없이 뭔가 오해가 있을 것이라고 주장한다. 엘리자베스는 제인의 착한 심성을 비웃으면서 자기 생각엔 위컴의 말이 옳다고 말한다. 그때, 빙리가 방문해 며칠 후 네더필드에서 여는 무도회에 제인의 가족들을 초청한다. 모두가 기뻐하는 가운데, 콜린스는 엘리자베스에게 처음 두 차례의 춤을 함께 추자고 부탁해 약속을 얻어낸다.

엘리자베스는 위컴이 무도회에 오지 않은 것을 알고 실망하면서, 다씨 때문이라고 생각한다. 그러나 다씨가 춤을 추자고 하자 너무 놀란 나머지 아무 생각 없이 응하게 된다. 그들이 춤을 추고 있을 때 윌리엄 경이 끼어들어 제인과 빙리가 약혼할 것 같다고 말하자 다씨는 난감한 표정을 짓는다. 그리고 엘리자베스가 위컴에 대해 말하자 동요하는 기색을 보인다. 그들은 신경을 곤두세우고 위컴에 대한 이야기를 나누었기 때문에 춤을 추고 난 뒤 기분이 언짢다.

저녁식사 때 베넷 부인이 루카스 부인에게 제인과 빙리의 약혼 이야기를 쉴 새 없이 해대자 엘리자베스는 화가 난다. 그녀는 어머니가 크게 말하는 소리를 다씨가 듣고 있을 것 같아 화제를 바꿔보려 하지만 실패한다. 식사 후에도 동생들 모두가 조심스럽지 못하고 어리석게 행동하자 엘리자베스의 굴욕감은 더해간다. 게다가 콜린스가 계속 그녀 주위를 서성거리는데 샬럿이 그와 대화를 시도한다. 엘리자베스는 고마운 심정이다.

· 풀어보기

위컴이 등장하면서 줄거리는 더 복잡해진다. 사리분별이 빠른 엘리자베스는 위컴과 다씨 사이에 뭔가 문제가 있다는 것을 즉각 알아차린다. 하지만 우리는 그녀의 능력이 다씨와 위컴이 관련된 부분에서는 편견으로 인해 빛을 잃고 그들의 진정한 성격을 파악하지 못한다는 점에 주목해야 한다.

인물탐색 엘리자베스의 편견은 그들의 첫인상에서 만들어진 것이다. 처음에 그녀는 다씨의 오만하고 내성적인 태도, 그리고 그녀와 춤을 추지 않겠다는 모욕적인 언사 때문에 그를 싫어하게 되었던 반면, '언제든지 기꺼이 대화에 응하고자 하는 위컴의 태도, 다시 말해 아주 적절하면서도 겸손한 준비성'에 매력을 느낀다. 게다가 위컴은 엘리자베스에게 관심을 보이면서 즐겁게 해주고, 선택받았다는 자긍심을 갖게 할 뿐만 아니라 상냥한 태도와 대화로 마음을 끌어 처음 만날 때부터 다씨와는 달랐던 것이다.

주제탐색 그 결과, 다씨를 싫어하고 위컴을 좋아하는 엘리자베스의 편견이 너무 강해져서 위컴이 하는 말은 무엇이든지 믿게 된다. 엘리자베스는 오만함 때문에 다씨에 대한 위컴의 비난이 앞뒤가 맞지 않는다는 사실도 알아차리지 못한다. 위컴은 자신이 분별력이 있고 타인의 인격을 손상시키는 일은 하지 않는다고 하면서도 다씨에 대해서는 도를 넘어선 말을 하고 있다. 엘리자베스는 다씨가 아닌 다른 사람이 그 대상이었다면 그런 대화를 참지 않았을 것이다. 위컴이 엘리자베스에게 자신의 편견을 강요해서 다씨에 대해 더욱더 나쁜 감정을 가지게 하는 상황을 통해 오스틴은 편견이란 주제를 강조하고 있다.

주제탐색 여기서 우리는 19세기 영국 사회의 예절과 사교의 중요성에 관한 실례들을 접하게 된다. 등장인물들의 행동과 태도를 관찰하다 보면 사회 속에서 예절은 계층과 연관되어 있고, 따라서 사람의 성격적 특징과도 관련이 있는 것처럼 보인다. 그래서 다씨, 캐서린 드 버그와 같은 귀족들은 사회적 지위 덕분에 오만한 태도가 정당화된다. 그런 지위를 열망하는 빙리 자매들 역시 베넷 가족들과는 다른 오만함과 조심성 있는 태도를 보인다. 올바르게 처신하는 제인과 엘리자베스는 봐줄 만하지만 언행이 제멋대로인 베넷 부인, 키티, 메리, 리디아는 따돌림을 당한다. 사회적 관점에서 바라볼 때 베넷의 딸들이 보여주는 서로 다른 모습은 부모의 계급과 배경의 차이를 반영한다. 즉 제인과 엘리자베스는 지주 계층인 아버지의 피를 물려받았고, 메리, 키티, 리디아는 변호사의 딸인 어머니를 닮은 것이다.

문학적 장치 계급과 예절에 대한 전통적인 사회 인식을 다루는 내내 우리는 오스틴의 풍자 감각을 보게 된다. 그녀는 소설 전반에 걸쳐 재산이나 지위와는 상관없이, 무례하면서도 종종 어리석어 보일 정도로 오만함을 드러내는 사람들을 그려냄으로써 각 계급의 예절을 비꼬고 있다. 이 대목에서 오스틴은 콜린스를 통해 지나친 오만이 예절에 어떤 영향을 줄 수 있는지 극단적인 실례를 보여준다. 콜린스는 자신의 신분, 직업, 캐서린 부인과의 인맥에 대해 자긍심을 가지고 있다. 그 결과 다씨가 그들의 관계를 인정해 주기를 기다리지 않고 다씨에게 자신을 소개하는 등 사교계의 규칙을 깨면서까지 우스꽝스럽게 행동하는 것이다. 이와 비슷하게 베넷 부인도 제인이 빙리와 결혼하게 될 것이라고 큰소리로 떠드는 등 적절한 예절을 무시한다. 콜린스와 베넷 부인에 비해 엘리자베스의 언행은 나무랄 데 없다.

네더필드 무도회에서 엘리자베스는 가족들의 행동에 당황한다. 그녀는 그런 자리에서 무엇이 적절하고 무엇이 적절하지 않은 행동인지를 잘 알고 있기 때문이다. 예절에 대한 엘리자베스의 생각이 위컴과 다씨에 대한 인식에 영향을 주었다는 사실에 주목할 필요가 있다. 한 사람은 처음 만났을 때 적절하게 행동했고, 다른 사람은 그렇지 않았던 것이다. 그녀는 적절한 예절에 대해 민주적인 감각을 지니고 있는 것처럼 보인다. 왜냐하면 계층으로 사람들을 판단하기보다 그들이 다른 사람들을 어떻게 대하느냐에 근거해서 그들을 평가하기 때문이다. 따라서 그녀는 모든 사람을 공평하게 대하는 빙리와 위컴을 좋아하고, 지나치게 오만해 보이는 빙리 자매들과 다씨는 싫어한다.

Chapters 19-23

 콜린스의 청혼

　네더필드에서의 무도회 다음날 아침, 콜린스가 엘리자베스에게 청혼한다. 청혼 동기를 대략 설명한 그는 그녀가 결혼지참금을 거의 가져오지 않는다는 사실을 절대 발설하지 않겠다고 약속한다. 엘리자베스는 그의 사무적인 태도를 비웃어주고 싶은 마음과 불편한 심기가 교차하면서 정중하게 거절한다. 그러나 콜린스는 엘리자베스가 수줍어서 그러려니 생각하고, 그녀가 그의 청혼을 거절할 수 없는 이유들—자신의 가치, 자신과 드 버그 가문의 관계, 엘리자베스가 장차 처하게 될 가난—을 열거한다. 딸이 콜린스의 청혼을 받아들이길 바랐던 베넷 부인은 고집스런 딸을 나무라고, 그와 결혼하지 않으면 다시는 보지 않겠다며 으름장을 놓는다. 베넷 부인은 남편에게 지원 요청을 하지만 그는 오히려 딸이 결혼하면 상종하지 않겠다고 말한다. 마침내 콜린스는 사태를 깨닫고 청혼을 거둬들인다.

　청혼을 둘러싸고 소란이 벌어지고 있을 때 베넷 가족을 방문한 샬럿 루카스는 엘리자베스가 청혼을 거절했다는 사실을 알게 된다. 그 후 샬럿은 콜린스와 더 많은 시간을 보내기 시작하고, 며칠 안 되어 그의 청혼을 받는다. 그녀는 사랑보다는 재정적 안정 때문에 청혼을 받아들인다. 그들의 약혼 소식에 베넷 부인은 분노하고, 엘리자베스는 친구가 사랑도 하지 않으면서 결혼하려 한다는 사실이 믿기지 않아 충격 받는다.

한편, 빙리는 예정대로 잠시 런던을 방문하러 떠난다. 제인은 캐롤라인 빙리의 편지를 받는다. 가족들 모두가 런던으로 가서 겨울 동안에는 돌아오지 않을 것이고, 자기는 다씨와 많은 시간을 보낼 것이며, 다씨 양이 자기 오빠와 결혼하고 싶어한다는 내용이다. 그 소식에 제인은 실망하지만 캐롤라인이 우정과 호의에서 편지를 보낸 것이라고 생각한다. 반면, 엘리자베스는 다씨와 빙리 누이들이 빙리와 제인 사이를 갈라놓으려고 수작을 부린다고 의심한다.

: 풀어보기

(문학적 장치) 콜린스의 청혼은 소설 속에서 가장 우스운 장면에 속한다. 오스틴은 이미 콜린스의 말과 예절을 통해 그의 어리석음을 보여주었다. 하지만 그의 청혼은 잘난 체하는 또 다른 높은 차원의 어리석음을 새롭게 보여준다. 처음에 엘리자베스는 필사적으로 피하려고 한다. 그러나 콜린스가 자신의 감정을 말하기 시작할 때 엘리자베스가 그 우스운 상황에 어떻게 대처하는지 주목할 필요가 있다. 그의 청혼에는 자만심과 생색 외에는 아무런 감정도 개입되어 있지 않다. 오스틴은 그가 청혼을 준비하면서 '정상적인 거래에 필요한 모든 규칙을 준수하고 매우 정숙한 방식으로 얘기를 시작했다'고 서술한다. 콜린스에게 청혼은 엘리자베스에 대한 최고의 애정 표현이 아니라 거래 계약이었던 것이다. 그리고 엘리자베스는

전에 말했듯이 편의가 아닌 사랑 때문에 결혼하기를 원한다.

엘리자베스의 낭만적인 결혼관은 샬럿이 콜린스와 결혼할 때 충격과 실망을 겪는다. 현실적 이유 때문에 콜린스를 받아들이는 샬럿의 결혼생활이 행복하지 않으리라고 생각하는 것이다.

주제탐색 샬럿의 결혼관에 대한 엘리자베스의 반응은 그녀의 가족과 미래 전망을 생각할 때 흥미롭다. 엘리자베스는 자기 부모와는 반대되는 부부 관계를 추구하고 있다. 그녀의 부모는 서로 사랑하지도 좋아하지도 않는데, 그것은 어느 쪽도 행복하지 않은 조각난 가정을 이루어갈 뿐이다. 샬럿의 현실적인 결혼관을 엘리자베스가 반대하는 것도 실제로는 부모의 관계에 대한 반감 때문인지도 모른다. 그러나 19세기 독자들은 엘리자베스의 이상주의적 입장에 내포된 위험을 알고 있었을 것이다. 콜린스의 지적대로 엘리자베스는 아버지가 죽으면 수입이 극도로 줄어들 것이고, 부동산도 콜린스에게 넘어가도록 되어 있다. 당시 영국의 처녀들도 사랑에 기초한 결혼을 꿈꾸었겠지만 엘리자베스와 같은 처지라면 대부분 샬럿처럼 안정적인 결혼을 선택했을 것이다. 결과적으로 샬럿이 현실적 세계관을 대표한다면, 엘리자베스는 이상적 세계관을 대표한다.

Chapters 24-27

제2권 1 – 4장

 편견에 가로막힌 통찰

　　제인은 캐롤라인 빙리로부터 또 한 통의 편지를 받는다. 빙리 가족들이 네더필드에 돌아올 계획이 없다는 내용이다. 그 소식에 제인은 우울해지고, 엘리자베스는 다씨와 빙리 누이들이 언니의 행복을 방해하고 있다고 비난하면서, 빙리가 어떻게 그토록 쉽게 주위 사람들에게 조종당할 수 있는지에 대해 분개한다. 한편, 엘리자베스에게 호감을 보이는 위컴이 자주 방문하면서 그녀의 마음이 들뜬다.

　　베넷 부인의 오빠와 올케언니인 가디너 부부가 롱본을 방문해 베넷 가족들과 함께 크리스마스를 보낸다. 베넷 부인의 다른 친척들과는 달리 가디너 부부는 예절 바르고 지혜로워서 제인과 엘리자베스는 각별히 그들과 가깝게 지낸다. 가디너 부인은 엘리자베스에게 어느 한쪽에 운이 없으면 둘이 짝을 맺는 것은 비현실적이고 무책임한 일이라고 말하고, 위컴이 너무 기대를 갖지 않게 하라며 주의를 준다. 그리고 우울해 하는 제인에게는 함께 런던으로 가자고 한다. 제인은 그곳에 머무는 동안 캐롤라인 빙리를 만날 수 있게 되기를 기대하며 기꺼이 그 제안을 받아들인다. 그러나 런던에 도착한 제인을 빙리 양이 쌀쌀맞게 대하자 그녀가 거짓된 친구라는 엘리자베스의 판단이 옳았다는 사실을 깨닫는다.

　　한편 결혼한 콜린스와 샬럿은 켄트 주 헌스포드에 위치한 콜린스의

사제관으로 떠난다. 샬럿은 떠나기 전에 엘리자베스에게 빠른 시일 안에 한 번 찾아오라는 부탁을 해서 응답을 받아낸다. 3월에 엘리자베스는 샬럿의 아버지와 여동생 마리아를 동반하고 샬럿을 방문한다. 엘리자베스도 그녀가 보고 싶어지기 시작했던 것이다. 그들은 헌스포드로 가는 길에 런던에 들러 가디너 씨 집에서 하룻밤을 묵는다. 엘리자베스와 외숙모는 위컴이 최근에 상속녀인 킹 양에게 구애한 사실을 놓고 대화를 나눈다. 가디너 부인은 그의 행동이 돈 때문이라고 생각하지만 엘리자베스는 그에게는 부유한 신부를 얻을 권리가 있다며 두둔한다. 런던을 떠나기 전, 엘리자베스는 외삼촌 부부가 여름에 북부 잉글랜드로 함께 가자고 하자 그러마고 대답한다.

:풀어보기

문학적 장치 〈오만과 편견〉은 사건이 전개되면서 작품의 균형 잡힌 구조를 분명하게 보여준다. 예를 들어, 사랑에 대한 제인의 실망은 샬럿의 결혼과 나란히 배치된다. 그 어떤 상황도 엘리자베스의 이상주의적 결혼관에는 맞지 않는다는 것에 주목할 필요가 있다. 엘리자베스는 안정이 아니라 사랑을 위해서 결혼해야 한다고 생각하고 그 문제에 대해 노골적으로 얘기해 왔다. 제인이 처하게 된 가슴 아픈 상황과 샬럿의 현실주의 앞에서 엘리자베스는 분개하고 노여워하면서, 자신의 신념에서 크게 벗어나는 행동을 변론하려고도 이해하려고도 하지 않는다. 특히 샬럿에 대한 태도는 소설 전개의 현 단계에서도 엘리자베스가 여전히 순진하다는 것을 보여주지만 그녀의 신념이 계속 도전받으면서 점차 성숙해진다.

인물탐색 자신과는 다른 관점을 이해하지 않으려는 엘리자베스의 태도는 소설 전체에 흐르고 있는 맹목성 혹은 편견이라는 주제를 대표적으로 나타낸다. 여기까지는 샬럿이 논리정연하게 엘리자베스의 판단에 의문을 제기하는 주요한 역할을 하는데, 이로 인해 독자들도 엘리자베스의 인식에 문제점을 제기하게 된다. 그러나 이제는 가디너 부인이 등장해 엘리자베스의 편견과 모순성을 정확히 지적한다. 예를 들어, 부인은 "넌 분별력이 있으니 그것을 잘 활용했으면 싶다"고 하면서 엘리자베스가 위컴을 부추기는 일이 없도록 주의를 준다. 그녀 역시 위컴의 행동을 쉽사리 두둔하는 엘리자베스와는 달리, 킹 양에 대한 위컴의 관심을 의심하면서 그의 탐욕적 성격을 간과하지 않으려고 한다. 가디너 부인의 우려는 독자들에게 위컴이 엘리자베스가 믿는 것처럼 신뢰할 수 없는 인물일지도 모른다는 생각을 가지게 할 만큼 타당해 보인다.

가디너 부인은 나머지 베넷 가족들과 대비된다. 베넷부인과 언니 필립스 부인과는 달리 가디너 부부는 지혜롭고예절 바르며 감수성이 풍부하다. 이러한 차이는 엘리자베스에게 제인 말고도 자랑스러워할 만한 친척이 있다는 점뿐만 아니라, 중류층 사람들도 상류층 못지않게 세련되고 훌륭한 교육을 받을 수 있음을 보여준다는 점에서 중요하다.

Chapters 28-32

제2권 5 - 9장

 : 줄거리 다씨의 오만을 나무라는 엘리자베스

다음날, 엘리자베스, 윌리엄 경, 마리아는 런던을 떠나 헌스포드로 향한다. 그들이 사제관에 도착하자 샬럿과 콜린스가 반갑게 맞아 집과 정원을 안내해 준다. 그들이 안에 들어갔을 때 드 버그 양이 잠깐 방문하자 마리아는 흥미로워하지만, 엘리자베스는 별로 관심을 갖지 않는다.

곧 그들은 캐서린 드 버그의 저택인 로징스로 저녁식사 초대를 받는다. 콜린스가 캐서린 부인과 저택을 굉장한 것처럼 설명해서 윌리엄 경과 마리아는 불안해진다. 그러나 두려움보다는 호기심을 가지고 이것저것을 둘러본 엘리자베스는 캐서린 부인이 교구와 그 마을에서 벌어지는 사소한 일에도 지칠 줄 모르는 관심을 가졌고, 서슴지 않고 자기 생각이나 조언을 표현하는 사람이란 것을 알아차린다. 캐서린 부인도 엘리자베스에게 관심을 돌려 그녀의 가족과 그녀가 받은 교육에 대해 묻기 시작하고, 엘리자베스가 나이를 밝히려 하지 않자 놀란다.

일주일이 지난 뒤 윌리엄 경은 집으로 돌아간다. 엘리자베스는 산책하면서 많은 시간을 보낸다. 그들은 로징스에서 일주일에 두 번 저녁식사를 했는데, 다씨와 그의 사촌 피츠윌리엄 대령이 캐서린 부인을 방문한다는 소식에 마음이 들뜬다. 특히 두 신사가 도착한 바로 다음날 아침에 교구를 방문하자 사람들의 마음은 더욱 설렌다. 다씨는 여전히 냉담하지만 피츠윌리엄 대령은 신사다운 예절로 엘리자베스에게 깊은 감명을 준다.

다씨와 피츠윌리엄 대령이 로징스에 도착한 지 일주일 후 사제관 식구들은 또 한 번 저녁식사에 초대를 받는다. 피츠윌리엄 대령은 엘리자베스에게 매혹된 듯 보이고, 캐서린 부인은 다씨에게 많은 관심을 보인다. 대령이 엘리자베스에게 자신을 위해 피아노를 쳐달라고 부탁하자 그녀가 응한다. 곧이어 합류한 다씨는, 낯선 사람들 사이에 있을 때 나타나는 그의 내성적인 행동에 관해 엘리자베스와 열띤 대화를 나누게 된다. 엘리자베스는 그가 그런 태도를 개선하려고 열심히 노력하지 않는다며 질책하고, 다씨는 자신이 잘 모르는 사람들과는 쉽게 대화를 할 수 없을 뿐이라고 말한다.

다음날 아침, 사제관을 방문한 다씨는 엘리자베스가 혼자 있는 것을 알고 놀란다. 그들은 과장되고 어색하게 대화를 시작하지만, 엘리자베스는 빙리가 네더필드로 돌아올 계획이 있는지 물어보고 싶어 안달이 날 지경이다. 대화는 콜린스와 샬럿의 결혼 이야기로 넘어가고, 결혼 뒤에 친정 가족과 떨어져 있는 것이 여자에게는 '적당한 거리'라는 것에 관한 짧은 토론으로 이어진다. 샬럿이 돌아오자 다씨는 곧 떠난다. 그를 보고 놀란 샬럿은 엘리자베스를 연모하고 있는 것은 아닌지 궁금해 하면서 그 후에는 유심히 지켜본다.

: 풀어보기

콜린스의 청혼을 거절한 엘리자베스가 콜린스와 결혼하는 샬럿을 심하게 비난하고 난 뒤, 엘리자베스와 독자들은 샬럿이 콜린스의 아내로서 어떻게 살아가는지 궁금하지 않을 수 없다. 엘리자베스나 화자의 이야기로 판단해 보면 샬럿은 베넷 부부와 비슷한 결혼생활에 빠져드는 것처럼 보인다. 베넷 부부가 지성과 상식 측면에서 잘못 맺어진 것처럼, 샬럿과 콜린스도 서로 성격이 맞지 않는다는 것을 알 수 있다. 콜린스가 다른 사람들과 교류할 때 일방적으로 자신을 내세우는 반면, 샬럿은 예의 바르고 겸손하다. 예를 들면, 처음에 그 일행이 로징스에서 식사할 때 화자는 샬럿이 가족과 친구를 소개하는 방식을 통해 샬럿과 콜린스가 서로 다르다는 것을 보여준다. "소개하는 일은 콜린스 부인의 몫이어야 한다고 남편과 합의를 보았기 때문에 그가 필요하다고 생각했을 사과나 감사 표시 없이 적절한 방식으로 그 일이 진행되었다"고 서술하고 있는 것이다.

　　게다가 베넷 씨처럼 샬럿도 과장하는 버릇이 있는 배우자와 거리를 두는 방법을 알아냈다. 베넷은 서재를 도피처로 삼았지만 샬럿은 콜린스가 자주 드나들지 않는 거실을 자신만의 공간으로 삼는다. 그러나 콜린스를 대하는 샬럿의 태도는 베넷 부인을 다루는 베넷 씨의 태도보다 낫다. 베넷이 아내의 어리석음을 냉소적으로 대하는 반면, 샬럿은 아예 대응하지 않는다. 엘리자베스의 표현대로 콜린스가 뭔가 어리석은 말을 하면, "샬럿은 현명하게도 그의 말을 듣지 않았다."

여기서 우리는 엘리자베스가 친구의 처지를 얼마나 다르게 바라보는지 주목해야 한다. 엘리자베스는 샬럿이 꾸려나가는 가정과 역동적인 결혼 생활을 보고 친구를 달리 생각하게 되었다. 한때는 샬럿의 결혼 결정에 극도로 실망했지만 이제는 집안일을 꾸려나가고 남편을 다루는 솜씨를 칭찬한다. 이러한 엘리자베스의 심경 변화는 미미하지만 중요하다. 엘리자베스의 성격이 변화할 가능성을 보여주기 때문이다. 그녀는 어떤 사안 — 여기서는 샬럿의 결혼 — 에 대해 의견을 꺾지 않다가도 친구의 만족감과 능숙한 살림 솜씨를 보고 그 선택을 이해하고 수용하는 분별력이 있는 것이다.

이 대목에서 드러나는 또 다른 중요한 측면은 엘리자베스와 캐서린 부인의 교류다. 윌리엄 경과 마리아는 캐서린 부인의 위압적 존재감에 주눅이 들지만 엘리자베스는 부인의 지위나 인품에 전혀 동요되지 않고 오히려 당당하게 대한다. 그녀의 이러한 능력을 본 독자들은 나중에 그녀가 캐서린 부인에게 굴하지 않고 따지는 행동을 자연스럽게 받아들이게 된다.

오스틴은 또한 엘리자베스가 다씨와도 논쟁을 벌일 수 있다는 것을 분명하게 보여준다. 예전에 네더필드에서 보았듯이 다씨와 엘리자베스는 함께 있기만 하면 논쟁을 한다. 엘리자베스가 피츠윌리엄 대령에게서 즐거움을 얻긴 하지만 오스틴은 두 사람의 대화를 거의 보여주지 않는다. 작가가 그들 사이의 대사를 묘사하는 경우는 다씨가 그 대화에 끼어들 때뿐이며, 이 순간에는 모든 대사가 엘리자베스의 정력과 총명함을 드러낸다. 이렇게 서술과 대사를 번갈아 쓰면서 오스틴은 엘리자베스와 다씨가 성격이 잘 맞는다는 점을 보여주고 있다. 엘리자베스가 피츠윌리엄 대령의 부드러운 태도에 매력을 느낄지는 모르지만 그녀에게 의욕을 갖도록 자극하는 것은 다씨인 것이다.

Chapters 33-36

제2권 10 - 13장

 엘리자베스의 반성

엘리자베스는 공원을 산책하는 동안 계속 다씨와 마주치게 되는데, 그때마다 그가 동행하자 귀찮아한다. 어느 날 그녀는 산책하다가 피츠윌리엄을 만나 다씨의 성격에 대해 이야기를 나눈다: 그녀는 대령으로부터 다씨가 '매우 신중하지 못한 결혼'을 할 뻔한 빙리를 구해 주었다는 말을 듣는다. 제인을 두고 한 얘기라고 생각한 그녀는 방으로 돌아와 분개하면서 눈물을 흘린다. 그녀는 캐서린 부인을 만날 기분도 아니고 다씨를 피하고 싶기도 해서, 그날 밤 로징스에 가지 않기로 마음먹고 샬럿에게 머리가 아프다는 핑계를 댄다.

모두가 로징스로 떠난 뒤 다씨가 찾아오자 엘리자베스는 깜짝 놀란다. 그는 그녀의 건강을 걱정한다. 잠시 침묵이 흐른 뒤 다씨가 사랑을 고백하고 청혼하는 바람에 그녀는 깜짝 놀란다. 처음에는 그가 관심을 가져준 것에 기분이 좋았지만, 그녀에 대한 감정을 억제했던 이유들—그녀의 낮은 사회적 지위, 그녀의 가문이 지닌 문제 등—을 나열하자 분노한다. 그의 청혼을 가차 없이 거절한 엘리자베스는 "당신을 안 지 한 달도 되지 않아 이 세상에서 가장 결혼하고 싶지 않은 사람이라고 느꼈다"고 말해 버린다. 그리고는 제인과 빙리를 갈라놓은 일, 위컴을 부당하게 대한 사실, 그리고 오만함과 이기심을 비난한다. 그는 아무런 변명도 하지 않고, 심지어 경멸조차 하지 않고 그 비난을 받아들이지만 신사답지 않게 행동했다는 비난에는 평정을 잃고, 엘리자베스가 말을 마치자 화를 내며 떠난다. 감정을 억제할 수 없던 그녀는 30분 정도 소리 내어 울다가 모두가 귀가하자 자기 방으로 들어간다.

다음날 아침 엘리자베스가 산책하고 있을 때 다씨가 다가와 편지를 건네고는 가버린다. 편지에는 엘리자베스가 청혼을 거절한 두 가지 중요한 이유, 즉 그가 제인과 빙리를 갈라놓았다는 점과 위컴을 부당하게 대했다는 주장에 대한 반박이 쓰여 있다. 제인과 빙리의 관계에 대해서는 제인이 빙리를 사랑하지 않는다고 생각했었지만 결국 그녀가 사랑하고 있다는 것을 알게 해주었다. 빙리가 신중하지 못한 결혼을 하지 못하도록 막은 것은 사실이다. 그 이유는 제인이 차분해서 빙리에 대한 사랑의 감

정이 그다지 깊지 않다고 생각해서였다. 그리고 제인의 어머니와 세 여동생, 심지어는 아버지조차 사람들 앞에서 점잖게 행동하지 않고 우스꽝스러웠다는 내용이다.

위컴에 대해서는, 같이 있으면 유쾌한 사람이긴 해도 탐욕스럽고 복수심이 강하며 원칙 없다. 위컴의 설명과는 반대로 자신이 아무런 보상도 하지 않고 위컴이 성직을 맡지 못하게 한 것은 아니다. 오히려 위컴의 요청대로 법학을 공부하는 데 쓰도록 3천 파운드를 주었지만, 위컴은 그것을 다 써버리고는 더 많은 돈을 얻어내려 했으며, 그것이 여의치 않자 다씨의 동생을 유혹해 함께 달아나려 했다. 그리고 편지에 담긴 내용이 의심스러우면 피츠윌리엄 대령에게 물어보라고 덧붙여놓았다.

처음에 엘리자베스는 편지 내용이 믿기지 않았지만, 다씨가 설명한 상황을 곰곰이 되짚어보고 그것이 사실임을 깨닫자 커다란 충격에 사로잡힌다. 그리고는 자신의 행동과 생각을 돌아보면서 끔찍하고도 부끄러운 느낌에 "선입견과 맹목에 빠져 이성을 멀리했다니. 이제까지 나를 전혀 모르고 있었어"라며 한탄한다. 우울하고 부끄러워하며 사제관으로 돌아간 그녀는 다씨와 피츠윌리엄이 왔다간 것을 알게 된다.

:풀어보기

 이 대목은 가장 중요한 부분에 속하며, 소설 전개상의 클라이맥스와 데누망*의 시작을 나타낸다. 여기서 엘

---

* **데누망**(denouement): 모든 갈등이 해소되고 사건이 마무리되며 인과관계가 명확해지는 결말.

리자베스는 자신의 편견에 대한 중요한 자기계시를 경험하고, 다씨는 세상에 대한 자신의 기대와 인식에 커다란 타격을 받는다.

오스틴은 다씨에 대한 엘리자베스의 노여움이 극도에 달했을 때 다씨가 청혼하게 만들 정도로 세심하게 소설을 구성했다. 엘리자베스는 피츠윌리엄 대령과 대화를 나눈 뒤에 다씨에 대해 너무나 분개한 나머지 그가 언니에게 얼마나 상처를 입혔는지 생각하다가 몸이 아플 정도다. 그녀의 감정은 너무나 강해서 그의 얼굴을 본다는 것은 생각도 할 수 없을 지경인데, 이런 상황에서 다씨는 그녀를 향한 감정을 고백하기에 이른다. "노력했지만 허사였소. 그건 소용이 없을 거요. 내 감정은 주체할 수 없을 거고. 내가 당신을 얼마나 존경하고 사랑하는지 말할 수 있게 허락해 주어야만 하오."

다씨가 청혼하기 위해 극복해야 했던 장애들을 언급할 때 보면 그의 청혼은 오만함으로 가득 차 있다. 엘리자베스에 대한 사랑을 강조하기보다 상황의 부정적 측면에 초점을 맞춰 그녀의 가족을 깎아내리는 말을 하고 마는 것이다. 한편, 엘리자베스는 그 청혼에 어리둥절해진다. 그에 대해 너무나 안 좋은 편견을 가지고 있었기 때문에 다씨의 애정을 알아차리지 못했던 것이다. 그 장면에서 다씨는 엘리자베스가 오만하다고 비난하고, 엘리자베스는 그가 편견에 사로잡혀 있다고 비난하는 것에 주목하자. 그것은 독자들이 두 인물을 바라보던 방식을 뒤바꿔놓는 반어적 효과를 낳는다. 엘리자베스는 그가 위컴과 제인, 그리고 그의 사교계에 어울리지 않는 것들에 대해 편견을 가지고 있다고 말한다. 그 비난에 응수해서 그는 '나의 솔직한 고백으로 당신의 오만함이 상처받지 않았다면' 그녀가 그렇게 완고하게 굴지는 않을 것이라고 말한다. 이러한 반어적인 역전은 엘리자베스와 다씨 모두 오만과 편견을 가지고 있음을 강조한다.

다씨의 편지는 세 가지 측면에서 중요하다. 첫째, 빙리의 갑작스런 결별과 위컴의 직업 문제에서 다씨가 했던 역할을 정확하게 설명함으로써 소설 앞부분에서 제기된 줄거리 요점을 명확히 해준다. 둘째, 독자들에게 다씨의 생각과 인격을 좀더 자세히 알려준다. 그동안 이야기 대부분을 엘리자베스의 관점에서 들었기 때문에 독자들은 겉으로 드러난 그의 행동 외에는 그를 알 기회가 거의 없었다. 그러나 가장 중요한 측면은 그 편지가 엘리자베스에게 미치는 영향이다. 그 편지에 대한 엘리자베스의 반응을 통해 오스틴은 자기계시와 자기발견의 과정을 능숙하게 보여주고 있는 것이다.

엘리자베스가 자신의 오만과 편견을 스스로 깨닫게 되는 점진적인 방법에도 주목할 필요가 있다. 그녀는 '그가 하는 말에는 무엇이든지 강한 편견을 가지고' 편지를 읽기 시작한다. 그런데 편지를 두 번, 세 번 읽으면서 한두 가지가 진실로 다가오기 시작한다. 하나의 진술을 진실이라고 받아들이고 나자 모든 사실을 받아들이거나 아니면 모두 거부해야 한다는 것을 깨닫는다. 자신이 '눈이 멀고, 편파적이었으며, 편견과 불합리에' 사로잡혀 있었던 것이다. 예전에는 제인에게 눈이 멀어 상황을 제대로 보지 못한다고 했으나 이제 자신의 성격을 깊이 이해하고 나서는 자기 역시 눈이 먼 사람이었음을 알게 된다. 이것은 중요한 인식이다. 자신을 분석하고 이러한 깨달음에 다다르게 되면서 엘리자베스의 성격은 깊이를 더해간다.

Chapters 37- 42

제2권 14 – 19장

 위컴에 대한 환멸

다씨가 엘리자베스에게 편지를 전한 다음날, 다씨와 피츠윌리엄은 헌스포드를 떠나고, 엘리자베스와 마리아는 일주일 뒤에 떠난다. 그들은 롱본으로 돌아가는 길에 런던에 있는 가디너 집에서 며칠 지낸 다음, 제인과 함께 집에 돌아간다. 집에서는 키티와 리디아가 2주 있으면 부대가 브라이튼으로 떠난다며 상심하고 있다. 엘리자베스는 위컴을 안 보게 되어 기쁘다.

엘리자베스는 제인에게 그녀와 빙리에 관한 내용은 빼고 다씨의 청혼과 편지 내용을 상세하게 들려준다. 제인은 위컴이 돈을 밝히는 성격이란 사실이 믿기지 않아 충격을 받는다. 두 사람은 위컴에 대한 새로운 사실을 사람들에게 알려야 할지 말아야 할지 의논하다가 곧 떠날 사람이기에 그냥 넘어가기로 결심한다.

연대가 떠날 준비를 하고 있을 때 연대 대령의 아내가 리디아에게 브라이튼으로 함께 가자고 초대한다. 동생이 아직 어리고 경박해서 걱정스러운 엘리자베스는 아버지에게 리디아를 보내지 말라고 말한다. 그러나 아버지는 당신이 리디아가 집에서 겪게 될 불행을 뒤치닥거리하느니 가족들을 당혹스럽게 하는 편이 낫다고 생각하여 보내기로 한다.

리디아는 떠나고, 엘리자베스는 그해 여름으로 예정된 가디너 부부와의 여행을 기다린다. 그들은 7월에 떠나는데, 가디너 부부는 부인이 자랐던 더비셔 군만 방문하기로 하고 여행 일정을 단축한다. 더비셔는 다씨의 저택인 펨벌리가 있는 곳이기도 하다. 그들이 더비셔에 도착하자 가디너 부인은 펨벌리를 둘러보고 싶다고 한다. 엘리자베스도 그들 가족이 아무도 없다는 것을 알고는 동의한다.

:풀어보기

　　이제 엘리자베스는 집으로 돌아오고, 이야기는 리디아와 군대, 위컴에 대한 메리튼 사람들의 인식, 그리고 베넷의 무책임 등 작은 줄거리로 돌아온다. 여기서 가장 중요한 일은 위컴의 진짜 성품을 사람들에게 알리지 않기로 결정하고 심지어 가족에게조차 비밀에 부치는 것이다.

　　엘리자베스는 아버지에게 리디아를 브라이튼에 가지 못하게 하라고 간청한다. 베넷의 반응은 무책임한 아버지의 모습을 잘 보여준다. 특히 리디아가 브라이튼에서 부적절하게 행동할 수 있다는 사실을 알면서도 그냥 가도록 내버려두는 모습이 더욱 그렇다. 최근에 다씨를 통해 여동생의 버릇없는 행동을 알게 된 엘리자베스는 자매들이 괜찮은 남편을 찾는 데 피해가 될 만한 일이 생기지 않도록 가족들이 막아야 한다고 강력하게 주장한다. 베넷이 돈을 허비하고 딸들에게 거의 재산을 물려주지 못한다는 점을 고려한다면, 그는 딸들이 좋은 혼처를 찾도록 안전장치를 마련해야 할 것이다. 그런데도 이 문제에 대한 그의 무관심과 자신의 안위를 걱정하는 마음이 딸들에 대한 염려보다 더 강하다. 엘리자베스는 아버지를 좋아하지만 실망스럽고 유감이다.

Chapters 43-46

제3권 1-4장

 : 줄거리

애정 탐색

엘리자베스와 가디너 부부는 펨벌리에 도착하여 저택과 대지의 아름다움에 매우 감동한다. 그들이 집을 둘러보고 있을 때 관리인은 '이제까지 그분보다 더 훌륭한 지주이자 주인은 없다'고 다씨를 칭찬하고, 지금은 집에 없지만 다음날 오기로 되어 있다고 말한다. 그런데 가디너 부인과 엘리자베스가 펨벌리 지역을 둘러볼 때 갑자기 다씨가 나타난다. 그곳에 있다가 들킨 것이 창피했던 엘리자베스는 공손하고 상냥한 그의 어조에 더욱 마음이 혼란스러워진다. 그는 빠른 시일 안에 자기 여동생을 소개해도 괜찮은지 묻고, 엘리자베스는 이러한 관심과 기쁨의 표시가 무엇을 뜻하는지 궁금하게 여기면서 좋다고 대답한다. 그녀는 그곳을 떠나며 다씨와의 만남을 곰곰이 생각하고, 외삼촌 내외는 다씨의 온화함에 대해 이야기를 나눈다.

다음날 다씨는 여동생 조지아나와 빙리를 대동하고 엘리자베스와 가디너 부부를 방문한다. 엘리자베스는 단번에 다씨 양이 위컴의 얘기와는 달리 오만하지 않고 답답할 정도로 수줍음을 타는 사람이란 것을 알아차린다. 게다가 빙리와 다씨 양이 이야기 나누는 것을 지켜보고는 빙리 양이 암시했던 것처럼 연애 감정이 오가는 사이가 아님을 알고 기뻐한다. 엘리자베스기 에펄비른 대도의 말두로 모두를 즐겁게 헤주러고 에쓰는

것을 본 가디너 부부는 그녀와 다씨를 지켜보게 된다. 그 결과, 다씨가 엘리자베스를 몹시 사랑하고 있다는 것은 확신하면서도 엘리자베스의 감정은 오리무중이다. 엘리자베스 역시 갈피를 잡지 못하고 그날 밤 잠도 이루지 못한 채, 다씨에 대한 감정이 어떤 것인지 알아내려 애쓴다.

다음날, 가디너 부부와 엘리자베스는 다씨와 여동생의 초대를 받아 펨벌리로 간다. 가디너는 남자들과 함께 낚시하러 가고, 가디너 부인과 엘리자베스는 조지아나, 빙리 양, 허스트 부인, 조지아나의 동료와 자리를 함께한다. 빙리 양이 엘리자베스를 차갑게 대하자 그녀는 질투심에서 그러는 것이려니 생각한다. 낚시에서 돌아온 다씨의 행동은 그가 엘리자베스를 좋아하고 있다는 것을 분명하게 보여준다. 빙리 양은 예전에 엘리자베스가 위컴에게 관심을 가졌던 사실과 그녀의 여동생들이 메리튼에 있는 장교들을 좋아했다는 이야기를 꺼내 그녀를 우습게 만들려고 하지만 엘리자베스가 침착하게 대응하면서 오히려 빙리 양이 나쁜 사람으로 여겨지게 된다. 엘리자베스와 가디너 부부가 떠난 뒤에 빙리 양이 이번에는 그녀의 외모를 가지고 흠을 잡으려고 한다. 그러나 다씨가 엘리자베스는 '내가 알고 있는 사람들 중에서 가장 멋진 여성 중 한 사람'이라고 말해 무안을 준다.

얼마 지나지 않아 엘리자베스는 제인으로부터 두 통의 편지를 받는다. 그 편지는 그녀가 다씨와 연인 사이가 될지도 모른다는 희망을 송두리째 부숴버린다. 리디아가 위컴과 함께 브라이튼에서 도망쳤는데, 아마 결혼은 하지 않은 것 같다. 그들은 런던으로 향하고 있는 것으로 파악되었고, 아버지가 그곳으로 가고 있다. 가디너 부부가 런던에서 아버지와 합류해 그들을 찾는 것을 도와주었으면 한다는 내용이다.

이 소식에 충격을 받은 엘리자베스는 곧바로 외삼촌에게 달려갔다가 그곳에서 다씨를 만난다. 엘리자베스의 동요에 당황한 다씨는 그녀의 외삼촌을 부르러 사람을 보내고 그녀를 진정시키기 위해 함께 머문다. 엘리자베스는 어찌할 바를 몰라 울음을 터뜨리면서 다씨에게 전말을 털어놓는다. 그는 우려를 표명하고, 위컴에 대해 미리 얘기해 주지 못한 자기에게도 일부 책임이 있다고 말한다. 다씨는 자신이 방해만 될 뿐이라고 생각하고 자리를 떠난다. 엘리자베스는 그를 사랑하고 있다는 것을 깨닫지만, 그 추문 때문에 결혼 기회가 사라질까봐 두려워한다. 이내 도착한 가디너 부부와 함께 엘리자베스는 롱본으로 길을 재촉한다.

: 풀어보기

　　여기서는 다씨의 편지를 읽고 생각이 바뀌기 시작한 엘리자베스의 마음이 어떻게 전개되는지를 보여준다. 처음에 엘리자베스는 다씨에 대해 안 좋은 감정을 가졌고, 이렇게 생긴 편견으로 계속 그에게 반감을 가질 이유만 생겨난다. 그러나 그것이 정작 자신의 편견이었다는 사실을 깨닫고는 마음을 열고 그의 진정한 인격을 발견하기에 이른다. 그녀는 다씨의 저택을 방문하면서 비로소 그가 어떤 사람인지 알 기회를 갖는다. 다씨는 낯선 환경에서 낯가림을 하는데, 엘리자베스를 만났을 때는 자기 집이 아니어서 불편했다고 말한다. 펨벌리에서 그녀는 가장 편한 상황에 있는 다씨의 됨됨이라든지, 재산이나 아랫사람, 그리고 동생을 어떤 태도로 어떻게 돌봐왔는지를 자세히 보게 된다. 그리고 다씨가 자상한 오빠이며 하인들과 일꾼들을 책임지고 돌보는 지주로서 존경받을 만한 인물인데도 전에는 미처 그런 면을 감지하지 못했다는 사실을 깨닫고, 다씨에게 '그 어느 때보다 감미로운 감정'을 느끼게 된다.

　　그러나 엘리자베스와 그녀의 친척들을 대하는 다씨의 태도가 극적으로 변했어도 완전히 편한 사이가 된 것은 아니다. 가디너 부부를 환대한 다씨의 태도는 엘리자베스를 사랑하는 애정의 깊이를 암시한다. 다씨에게 일어난 변화의 파장이 얼마나 큰지는 리디아의 도주 소식을 듣고 난 이후의 반응에서 여실히 드러난다. 다씨는 그 수치스런 행위에 진저리를 치기는커녕 따뜻하게 엘리자베스를 달래고 상황을 감싼다.

그는 엘리자베스처럼 이 상황에 대해 일종의 책임감마저 느끼고 있다. 독자는 두 인물이 기꺼이 자신의 행동에 책임을 지려고 하고 가족을 보호하려고 한다는 점에서 비슷하다는 것을 알게 된다. 아울러 위기에 대한 반응 역시 서로를 얼마나 걱정하고 있는지를 입증하는 셈이 된다. 엘리자베스 입장에서 보면, 리디아 사건이 충격적이고 부끄럽지만 다씨를 믿고 숨김없이 상의한다. 그리고 위컴의 진면모를 진작 가족들에게 밝혔어야 했다고 말하는데, 이를 통해 다씨는 그녀가 자신의 편지 내용을 믿었다는 것과 위컴을 박대했다고 자신을 비난한 것이 잘못이라고 인정했음을 알게 된다.

　　한편, 다씨의 입장에서는 위컴의 인물됨을 알려 도주를

미연에 막았어야 했는데 자신이 가족의 명예를 앞세우다가 이런 일이 생겼다고 여긴다. 자기 여동생을 망칠 뻔한 위컴의 비행에 적극적으로 대처하지 않아 결국은 다른 여자의 명예를 망치는 결과를 낳았다는 것이다. 결과적으로 엘리자베스는 이 일을 가족의 불명예라고 느끼는 반면, 다씨는 위컴의 실체를 폭로하지 않은 자신에게 잘못이 있다고 생각한다. 엘리자베스는 다씨를 사랑하게 되었지만 아직도 그가 어떤 사람인지 잘 모르고 있다. 자기가 느끼는 수치에 비춰보면 다씨도 창피해서 이 일에 개입하지 않을 것이라고 생각하기 때문이다.

Chapters 47-50

제3권 5 – 8장

 리디아와 위컴이 던져준 좌절

엘리자베스와 가디너 부부는 롱본으로 서둘러 돌아가면서 리디아가 처한 상황을 의논한다. 부부는 위컴과 리디아가 결혼했을 것이란 희망을 가져보지만 엘리자베스는 회의적이다. 탐욕스런 위컴이 돈 없는 리디아 같은 사람과 결혼하리라곤 믿을 수 없는 것이다.

롱본에 도착하니 제인이 집안을 돌보고 있다. 베넷은 이미 런던으로 갔고, 베넷 부인은 방에 틀어박혀 히스테리 증세를 보이고 있으며, 키티와 메리는 자신들 생각에 몰두해 있다. 런던으로 리디아와 위컴을 찾으러 간 베넷으로부터 아무런 연락이 없자 가족들의 걱정은 깊어간다. 가디너가 베넷과 합류하자 베넷은 가디너에게 일을 맡기고 집으로 돌아온다. 베넷은 리디아를 가지 못하게 하라는 엘리자베스의 경고가 옳았음을 인정하고 키티에게 더 엄격해지기로 결심한다.

한편, 마을 사람들은 위컴의 성품에 대해 수군거리며 리디아의 앞날을 걱정한다. 콜린스는 리디아의 행동을 비난하면서 나머지 가족들의 명예를 지키기 위해 그녀를 버리라고 충고하는 편지를 보낸다.

마침내 가디너로부터 리디아와 위컴을 찾았다는 소식이 전해지자 가족들은 안심한다. 위컴의 빚이 청산되고 리디아가 약간의 연금을 받으면 결혼하기로 했다고 한다. 베넷은 그 조건에 동의하지만 상당히 많은 돈을 들여야 하기 때문에 걱정이 앞선다. 그는 가디너가 큰돈을 썼을 것이라 생각하고 그에게서 돈을 빌리는 것은 꺼린다.

리디아가 결혼할 것이란 얘기를 듣자마자 베넷 부인의 감정은 발작적인 우울증에서 기쁨으로 돌변한다. 결혼을 하게 된 치욕스러운 과정은 잊은 채 리디아의 예복을 마련하는 데 들어갈 돈을 계산하고, 이웃들에게 이 좋은 소식을 전할 방도를 궁리하기 시작하는 것이다. 위컴이 잉글랜드 북부에서 장교로 복무하게 된다는 소식에 베넷 부인은 그들과 너무 멀리 떨어져 살게 된 것이 안타깝다.

엘리자베스는 여동생의 결혼을 생각하면서 다씨와의 미래는 물거품이 되어버렸다고 느낀다. 그가 베넷 가 같은 콩가루 집안과 인연을 맺으려고 마음먹다가도 위컴 때문에 포기해 버릴 것이 아니겠는가. 비로소 자신과 다씨가 얼마나 완벽한 부부가 될 수 있을 뻔했는지를 알게 된 그녀는 마음이 서글퍼진다.

. 풀어보기

베넷 씨가 무능하고 실질적으로 가족에게 도움이 되지 않는다는 사실은 리디아의 가출 사건을 대하는 태도로 확연히 드러난다. 그나마 리디아의 행위가 중대 사안인 것은 알기에 흥분해서 런던으로 떠난다. 이런 반응을 통해 오스틴은 베넷 씨가 자신의 서재를 벗어나 상당 기간 집밖에 나가 있을 만큼 크게 마음이 움직였다는 것을 독자에게 알린다. 그러나 그의 행동은 거기에서 그칠 뿐, 상황을 호전시키지 못한 채 가디너에게 일을 떠넘기고 귀가한다. 가디너 씨가 리디아와 위컴의 상황을 편지로 알려왔을 때도 당장 가족들에게 희소식을 전하고 안심시키기보다는 혼자서 산책 먼저 나가는 무심한 인물이다. 그리고 동생의 소식을 전해 들은 두 자매가 달래고 설득하고 나서야 그는 가디너 씨에게 고맙다는 인사를 건넨다. 베넷으로서는 리디아가 순조롭게 결혼하고 가문의 명예가 실추 위기에서 벗어난 것이 다행이라는 생각보다, 가디너에게 갚아야 할 비용이 더 걱정인 것이다.

주제탐색 오스틴은 리디아와 위컴의 결혼에 이어 작품 전체를 관통하는 결혼이란 주제를 끌어낸다. 앞서 성사된 것이 샬럿과 콜린스의 결혼임을 상기해 보라. 엘리자베스는, 현실적인 이유로 결혼하는 샬럿에게 반대하는 입장이었지만, 헌스포드를 방문해서 샬럿이 남편에게 애정과 존경심 없이도 그럭저럭 만족하고 살아가는 모습을 보게 된다. 여기서 암시하는 바는 재산을 바라고 하는 결혼이 이상적이지는 않겠지만 그 나름의 결혼 방식이란 것이다.

그렇다면, 리디아와 위컴의 도주도 사랑 때문은 아니었다. 정욕으로 생긴 젊은 날의 불장난에 다름 아니다. 리디아는 위컴과 사랑하고 있다고 믿지만, 작가는 이들이 브라이튼을 떠나기 전에는 사랑에 빠져 있지 않았다는 사실을 누차 강조한다. 도박 빚에 시달리던 위컴이 자기에게 반한 리디아를 길동무 삼아 도피 행각을 벌인 것으로 보인다. 엘리자베스는 리디아와 위컴의 앞날이 걱정스럽다. 결혼의 미덕인 순결을 뒤로 하고 당장 불타는 열정을 앞세워 엮인 그들에게 과연 영원한 행복이 주어질 것인가. 아니, 오래가지 못해 빛을 잃게 될 것이 뻔하다.

주제탐색 리디아와 위컴의 무모한 애정 행각이 지닌 사회적 의미를 이해하려면, 19세기 영국 사회가 혼전 순결을 잃은 여성을 얼마나 심각하게 매도했는지에 주목해야 한다. 일단 순결을 잃었다는 소문이 나면 그 여성의 명예가 실추될 뿐 아니라, 혼사 길이 막히면서 가문의 치욕으로 연결된다. 리디아와 위컴은 2주를 함께 지낸 만큼 이미 관계를 가진 것으로 인식되고, 따라서 위컴과 결혼하지 않으면 리디아는 '몸을 버린' 처지가 된다. 그러한 사회 통념 때문에 그들 사건은 메리튼을 발칵 뒤집어놓았고, 콜린스는 편지를 통해 리디아를 호적에서 파내라고 제안하는 것이다. 콜린스의 의견이 심한 것 같아도 당시에는 가족들이 나서서 그런 조치를 취하는 사례가 비일비재했다. 그 결과, (베넷 부인은 제외지만) 베넷 가 사람들은 리디아와 위컴 사건을 용인할 수 없었음에도 불구하고 위컴이 리디아와 결혼하기로 하자 안도의 한숨을 내쉰다. 리디아가 구제되고 베넷 가 사람들이 수치심에서 벗어난다는 것을 의미하기 때문이다.

Chapters 51-55

제3권 9 - 13장

 다씨의 속내가 궁금한 엘리자베스

리디아와 위컴은 결혼식 직후 롱본을 찾는다. 그들이 아주 당당하고 전혀 부끄러울 것 없는 듯 행동하는 바람에 엘리자베스와 제인은 당황하고, 베넷은 매우 분개한다. 엘리자베스의 눈에는 위컴보다 리디아가 더 그를 사랑하는 것처럼 보인다. 추측컨대, 위컴은 도박 빚을 벗어나기 위해 브라이튼을 떠난 것이고, 리디아를 데려간 것은 그녀가 원했기 때문이다. 여전히 매력적인 위컴의 태도에 아랑곳 않고 엘리자베스는 그의 과거를 알고 있지만 좋은 관계를 유지하고 싶다고 정중하게 말한다.

어느 날 아침, 리디아가 자기 결혼식에 다씨가 다녀갔다고 말한다. 그 사실이 의아스러운 엘리자베스는 외숙모에게 더 자세한 얘기를 들려달라고 편지를 쓴다. 가디너 부인에게서 곧장 답장이 온다. 리디아와 위컴을 찾은 것은 가디너가 아니라 다씨였고, 그가 위컴을 설득해서 리디아와 결혼해 정착하도록 했으며, 위컴의 빚을 모두 갚아주고 군 장교직도 맡게 해 주었다. 그리고 그가 책임감뿐만 아니라 엘리자베스에 대한 사랑 때문에 그런 일을 한 듯하다는 것이다. 엘리자베스는 외숙모의 말을 믿고 싶지만 다씨가 아직도 자기에게 애정을 가지고 있는지는 의문스럽다.

리디아와 위컴이 떠나자 베넷 부인은 슬퍼한다. 그러나 빙리가 네더필드로 돌아온다는 소식을 접하자 이내 그녀의 관심은 제인에게로 옮아

간다. 제인은 빙리의 방문이 자신과는 아무 관계가 없는 일이라고 주장하지만 엘리자베스는 언니가 여전히 그를 좋아하고 있다고 확신한다. 그녀는 빙리가 다씨와 함께 롱본을 향해 출발했다는 사실을 알고 놀라면서도 한편으론 기쁘다. 그러나 막상 만난 다씨가 신중하고 내성적인 태도를 보이자 곤혹스럽다. 그녀를 더욱 불편하게 하는 것은 다씨를 대하는 어머니의 무례한 태도다. 특히, 다씨가 남모르게 얼마나 베넷 가족을 도와주었는지를 생각하면 괴로울 정도다.

　　다씨는 런던으로 떠나고 빙리는 계속 베넷 가족을 방문한다. 그와 제인은 점점 가까워지고, 마침내 그가 청혼하자 모두들 기뻐한다.

: 풀어보기

인물탐색 　다씨는 리디아의 결혼을 성사시켜 엘리자베스의 마음을 사로잡는다. 그녀는 다씨가 자기 가족 일에 물심양면으로 애써준 것이 미안하면서도 고맙고, 그런 조처를 취하도록 만든 사랑에 감동한다. 그리고 자신과 다씨가 잘 어울리는 한 쌍이며 너그럽고 사려 깊은 그의 됨됨이를 인정하면서도, 여전히 다씨가 위컴과 인척관계로 맺어지는 수치를 완전히 극복할 수 있다고는 생각하지 못한다. 그러나 위컴을 대하는 태도에서 다씨는 엘리자베스의 행복을 위해 자존심 정도는 기꺼이 내던질 만한 인물임이 입증된다. 따라서 다씨의 드넓은 사랑을 믿지 못하는 것은 그녀 스스로가 불안한 가족 문제를 안은 채 그와 함께하는 새로운 삶에 자신이 없기 때문이란 것이

밝혀진 셈이다. 그녀는 다씨를 열렬히 사랑하면서도 그처럼 불안한 생각을 품고 있기에 여느 때와 달리 제인에게도 속내를 이야기하지 못한다. 빙리에 관한 문제만 빼고는 만사를 제인과 의논했던 그녀이고 보면, 이번처럼 중요한 사안을 놓고 언니에게조차 말을 하지 않고 있다는 점은 의미심장하며 마음속에 깊이 자리 잡은 불안감을 말해 주는 반증일 수 있다.

　　엘리자베스의 불안함은 다씨가 빙리와 함께 롱본을 방문한 것으로 해소되지 않는다. 그녀는 입 다물고 있는 다씨를 보면서 좌절하고 마음의 갈피를 잡지 못하지만 그의 침묵을 자존심과 연결시켜 생각하기보다, 그저 "아마도 우리 어머니 앞에서는 우리 외삼촌 부부와 있을 때하고는 다른 모습이겠지"라며 이해한다.

문학적 장치 다씨에게 말 걸기를 주저하는 그녀의 모습이 바로 그녀가 바라보는 다씨의 모습에 투영되어 있음을 오스틴은 독자들에게 솜씨 좋게 보여주고 있다. 작품 전체를 통해, 작가는 독자들이 엘리자베스와 다씨가 함께 등장하는 장면에서 톡톡 튀고 발랄한 지적인 말투가 나온다고 기대하도록 작품을 전개시키면서, 그들의 대화를 인물을 형상화하고 구성을 맞춰가는 중심에 놓고 있다. 그런 맥락에 비춰, 여기에서처럼 그 둘이 행동의 제약을 받는 것을 보면, 그들의 교제에서 절정 부분이 뒤에 포진하고 있다는 뜻이 된다. 이런 서술 기법을 통해 엘리자베스와 다씨가 결국은 같은 길을 걷고 있다는 것이 드러난다. 지금 두 사람은 서로 자신 없어하면서 감정 드러내기를 두려워하고 있는 상태다.

엘리자베스는 다씨에게 빙리와 제인을 어떻게 생각하는지 물어보지 못하고, 빙리가 나타나 언니와 활기차게 대화하는 모습을 말없이 지켜본다. 이전에 다씨는 제인과 빙리의 결혼을 반대하는 입장이었지만 이번에는 빙리와 함께 베넷 가를 방문했고, 생각하기에 따라서는 방문을 권유한 것 같기도 하다. 엘리자베스는 딱히 꼬집어 말할 수는 없지만, 다씨가 빙리의 청혼에 모종의 영향력을 행사하고 있다는 것을 감지한다. 드러내놓고 제인과 빙리의 재결합을 추진한 다씨는 과거와는 완전히 바뀐 것이다.

주제탐색 결혼이란 주제는 이 시점에서 다소 가라앉았다가 제인과 빙리의 약혼으로 다시 추진력을 얻는다. 결국 독자는 사랑이 맺어준 결혼, 작품에서 몇 안 되는 행복한 결혼 사례를 목격한다. 제인과 빙리의 결합은 참된 사랑과 이해, 삶의 방식과 감정의 나눔을 기반으로 맺어진 것이다. 이렇게 사랑에 토대를 둔 결혼은 사랑의 비중이 덜하거나 일방적인 경우, 이를테면 베넷 부부, 콜린스 부부, 위컴 부부의 결혼과는 완연하게 대비된다. 작품의 시작부터 제인과 엘리자베스는 사랑으로 맺어지는 결혼을 꿈꾸는 인물로 그려졌다. 제인의 약혼이 재론의 여지없이 행복하게 그려진 것으로 보아, 제인이나 엘리자베스의 결혼관은 오스틴의 견해를 대변하는 것 같다. 이러한 결혼은 자연스럽게 부부의 삶을 행복으로 이끌 뿐만 아니라 나아가 그들의 가족과 친구, 그리고 태어날 자식의 삶도 복되고 만족스럽게 만들어준다.

Chapters 56-60

제3권 14 – 19장

 엘리자베스의 결혼과 후일담

어느 날 갑자기 캐서린 드 버그 부인이 엘리자베스를 만나러 롱본에 들른다. 그녀는 다씨와 엘리자베스가 약혼했다느니 또는 약혼 예정이라 느니 하는 소문을 들었다며, 그들의 관계를 끝내야 한다고 단호하게 말한다. 다씨와 드 버그 양은 태어날 때부터 정혼한 사이로, '사회적으로 열등한 출생이자 별 볼일 없는, 게다가 자기 가문과 전혀 무관한 여성' 때문에 조카와 딸이 짝을 맺지 못해서는 안 된다는 것이다. 엘리자베스는 그 위세에도 아랑곳 않고 다씨의 청혼을 받아들이지 않겠다는 약속을 하지 않아 그녀의 분노를 부채질한다. 부인은 화를 내면서 다씨에게 따지겠다고 협박하고는 그곳을 떠난다. 그 말에 마음이 흔들린 엘리자베스는 캐서린이 자기를 싫어하는 것에 대해 다씨가 어떻게 반응할지 궁금하다. 그녀는 다씨가 네더필드에 돌아오지 않으면 아주머니의 뜻에 굴복한 것이려니 생각하기로 마음먹는다.

다음날 아침, 베넷은 엘리자베스를 서재로 불러 콜린스가 보낸 편지를 함께 읽는다. 콜린스 역시 엘리자베스와 다씨의 약혼에 대한 소문을 언급하면서 캐서린 부인이 찬성하지 않으니 그녀에게 경고해 달라고 말한다. 베넷은 엘리자베스가 다씨와 약혼할 것이란 발상은 터무니없다며 웃어넘기려 한다. 엘리자베스는 그 얘기가 비참하게 들려 뭐라고 말해야

할지 생각해 본다.

　며칠 후, 엘리자베스의 예상과 달리 다씨가 빙리와 함께 롱본에 온다. 그녀는 다씨와 산책하면서 리디아의 일을 도와준 것에 감사를 표한다. 다씨는 아직도 엘리자베스를 사랑하고 있으며 결혼하고 싶다고 말한다. 엘리자베스 역시 사랑한다고 대답하자 다씨는 기뻐한다. 그들은 과거 그들의 관계에 대해 얘기를 나눈다. 다씨는 엘리자베스가 첫 번째 청혼을 거절했기 때문에 자신의 오만과 편견을 성찰하는 시간을 가졌고, 그로 인해 행동이 바뀌었다고 말한다. 그들은 빙리와 제인에 대해서도 이야기한다. 다씨는 그들의 약혼 사실에 기뻐하며 빙리에게 청혼을 권했다는 사실을 인정한다.

베넷 가족은 전혀 예상치 못한 다씨와 엘리자베스의 약혼이 믿기지 않는다. 처음에 엘리자베스가 다씨를 너무 강하게 비판해서 가디너 부부 외에는 아무도 그녀의 마음이 변하리라고 생각하지 못했던 것이다. 그러나 상황을 이해하고 난 가족의 반응은 가지각색이다. 제인은 동생의 일을 진심으로 기뻐하고, 베넷 부인은 다씨의 재산 때문에 기뻐한다. 베넷은 가장 아끼는 딸이 떠난다고 생각하니 슬프지만, 가디너가 아닌 다씨가 위컴의 빚을 갚았다는 사실을 알고 좋아한다. 돈을 갚아야 한다는 부담에서 벗어났기 때문이다.

엘리자베스와 다씨, 제인과 빙리가 결혼한 뒤에 그들의 삶은 행복하게 펼쳐진다. 빙리 부부는 1년쯤 뒤에 펨벌리 근처로 이사하고, 자주 엘리자베스와 제인을 방문하는 키티는 언니들의 영향으로 상당히 철이 든다. 베넷 부인은 여전히 어리석은 행동을 하며 다니고, 베넷 씨는 엘리자베스가 보고 싶어 즐겨 딸을 방문한다. 그리고 메리는 집안에 경쟁할 예쁜 언니들이 없어 고마울 따름이다. 한편, 위컴과 리디아는 계속 돈을 낭비하고, 캐서린 부인은 엘리자베스를 쌀쌀맞게 대하며, 다씨의 동생 조지아나와 엘리자베스는 아주 가까워진다. 다씨와 엘리자베스는 가디너 부부가 방문할 때면 더 행복해 한다. 그들 덕분에 자기들이 맺어졌다고 생각하기 때문이다.

: 풀어보기

캐서린 부인과의 맞대면을 시작으로, 엘리자베스는 다씨의 아내가 되면 닥치게 될 귀족들의 편견에 맞서는 능력을 발휘한다. 작품의 첫머리에서부터 엘리자베스는 다른 사람의 뜻에 따르지 않고 자기 신념을 확실히 밝히는 인물로 보여졌다. 그러나 성숙해 가면서 자신과 타인을 깊이 있게 이해하게 되고, 역경에 처해서도 보다 차분하게 가급적 직접 대결을 피하면서 문제를 해결하는 태도를 갖게 된다. 자신을 믿다 보니, 시간이 해결해 줄 일들은 괘념치 않는다. 펨벌리에서 빙리 양이 화를 부추겨도 크게 마음 쓰지 않았고, 리디아와 결혼한 위컴을 곧바로 인정했으며, 이제는 가장 힘든 상대인 캐서린 드 버그 부인까지 쉽게 이겨낸다.

캐서린 부인의 방문은 의도와는 달리 다씨와 엘리자베스의 결혼을 굳혀주는 결과를 낳는다. 캐서린 부인은 혼사를 막으려고 왔던 것인데, 당시 엘리자베스가 대응하는 태도를 전해 들은 다씨에게는 그녀의 속내를 알아채는 계기가 된 것이다. 만약 엘리자베스가 그에게 '누가 결혼하라고 해도 결코 내 상대가 아닌 사람'이라고 말했던 옛날 감정을 그대로 가지고 있었다면, 그의 청혼은 받아들일 꿈도 꾸지 않고 있다고 주저 없이 대답했을 여자가 아닌가. 캐서린 부인이 끼어들지 않았어도 엘리자베스와 다씨는 결국 서로 감정을 고백하고 부부가 되었겠지만, 이 방해 공작이 진행을 촉진시킨 셈이다.

오스틴은 작품을 깔끔하게 정리하는 기분으로 인물들의 미래 모습을 잠깐씩 보여주면서 여러 이야기를 마무리짓는다. 물론 중심에는 엘리자베스와 제인의 성공적인 결혼이 자리 잡고 있다. 오스틴이 작품의 첫머리와 마지막을 대칭 구조로 짜맞춘 흔적은 엘리자베스와 다씨의 약혼과 결혼 후의 청사진으로 마무리하는 데서 분명히 나타난다. 소설이 시작될 때 오스틴은 독자에게 베넷 부부의 삐걱거리는 결혼 생활과 결혼을 못하면 불쌍한 처지에 놓일 그들의 딸들에 대해 언급한 바 있다. 젊은 여자들의 삶이 이래저래 어려웠던 것은, 주변에서 보았듯 일생을 비참하게 살아가야 하는 불행한 결혼을 원치는 않지만, 그렇다고 결혼을 하지 않으면 결국은 집도 절도 없이 다른 가족의 부양을 받으면서 불쌍한 존재로 살아야 한다는 것도 알고 있었기 때문이다. 따라서 줄거리의 이면에서 작품을 끌고 가는 원동력은 베넷 집안의 여자들, 특히 제인과 엘리자베스가 사랑하고 존중할 수 있는 신랑감을 찾는 일이다.

제인은 곧바로 이상적인 신랑감을 알아보지만, 헤어지게 되고 소설이 거의 끝날 때 재회한다. 엘리자베스 역시 배필을 찾기는 하는데, 서로가 진정으로 이해하고 결혼에 이르기까지 자신을 알아가는 과정을 겪게 된다. 작품에 나오는 여러 약혼과 결혼의 양상 중에서 엘리자베스의 경우가 가장 긴 과정을 거친다. 결국에는 엘리자베스의 결혼이 감정적·지적·금전적으로 부모와는 정반대로 행복한 결혼인 것 같다. 결과적으로 오스틴은 다음과 같은 의미의 말을 던지면서 작품을 끝맺는다. 행복한 결혼 생활은 사랑을 내세운 일신의 안정(샬럿의 결혼)이나 열정(리디아의 결혼), 혹은 완벽한 조화(제인의 결혼)보다 서로의 장단점을 모두 인정하고 사랑하는 데서 비롯된다. 그러나 짝이 될 사람을 완벽하게 이해하고 감싸 안기 전에 먼저 자기 자신부터 속속들이 알아야 한다.

인물분석 노트

○ 엘리자베스 베넷

주변 상황을 이해 못하고 맹목적으로 행동하는 순간에
도 여전히 매력적이다. 특히 호소력 짙은 눈이 아름답고, 주변
사람들에게는 재기 발랄하고 분별력 있는 여성으로 알려져 있
다. 아버지는 그녀의 분별력을 아끼고, 어머니는 별 볼일 없이
생각한다. 엘리자베스가 지닌 자신감은 비판적인 감각에서 나
온 것으로 재치가 넘치는 대화에서 유감없이 발휘된다.

톡톡 튀면서 남에게 지지 않는 재기는 캐서린 부인의
반감을 사고 다씨의 찬사를 얻는다. 그녀는 어리석은 일에 그
냥 지나치지 않는다. "선하고 지혜로운 것을 보고 웃고 싶지
는 않을 거야. 고백컨대, 어리석은 것과 말이 안 되는 것, 변덕
스럽거나 모순되는 것을 보면 즐거워지거든. 그럴 땐 언제나
맘껏 웃어주지." 대개의 경우, 그녀는 현명한 것과 어리석은
것을 잘 분별해낸다. 위컴과 다씨를 오판하는 실수를 저질렀
고, 그런 실수를 알아차릴 때까지는 고집을 꺾지 않은 보다 큰
잘못이 있기는 해도, 전반적으로 사람을 보는 눈이 있다. 이를
테면, 가족들이 상황에 맞지 않는 행동을 일삼는다는 것을 알
고 있고, 콜린스를 보자마자 어리석은 사람임을 알아보며, 캐
서린 부인에게서 남을 지배하려는 욕구를 읽어낸다. 그러나
사람을 평가하는 능력은 가끔 터무니없이 엉뚱한 곳으로 빠지
기도 한다. 다씨와 위컴의 첫인상을 보고 그들의 됨됨이에 대

해 명백히 잘못된 결론을 이끌어내듯이 말이다. 오만과 편견이 결합된 자신의 분별력을 과신함으로써 최악의 실수를 저지른 것이다.

○ 피츠윌리엄 다씨

영국 귀족 계급이 지닌 가치의 일장일단 — 신사다움과 도도함의 이중성 — 을 대표하는 동시에 항상 정직하고 자신이 믿는 대로 행동한다. 실제로 작위를 가진 귀족이 아니라 지주 계층인 젠트리*가운데 부를 갖춘 사람이다. 그보다 훨씬 가난한 엘리자베스도 법적으로는 같은 젠트리 계층에 속한다. 다씨의 우월감이 주변 사람들의 기분을 상하게 하지만 그의 인격적인 장점을 조장하기도 한다. 위컴은 교활하게도 그를 이렇게 평가한다. "결코 오만함을 떨쳐내지 못하는 사람인데, 가진 게 많다 보니 마음이 넓고 올바르고 진지하며 합리적이고 존경을 받는 게지요. 재산도 많고 인물이 좋아서 호감을 줍니다."

실상, 다씨를 변화시키는 것은 바로 그가 지닌 이상적인 귀족적 기품이다. 엘리자베스가 대놓고 청혼을 거절하고 신사답지 못하다고 지적하자 충격을 받고 자신이 얼마나 거만

---

* **젠트리**(gentry): 넓게는 귀족을 포함한 일류 가문 사람을 지칭한다. 보통은 귀족 아래 계층 사람들

하고 건방지게 살아왔는지 깨닫는다. 나중에 자신의 그런 모습을 되새기면서 다음과 같이 말한다. "부모님은 좋은 분들이셨지만 저를 버릇없이 기르셔서… 이기적이고 건방지게 행동하도록 내버려두고, 부추기고, 가르치다시피 하셨으며… 나머지 세상 모두를 천하게 여기도록 가르쳤습니다." 일단 자신을 낮추자 다른 사람들의 마음에 더욱 민감해진다. 작품 말미에, 어리석은 여동생 셋과 어디로 튈지 모를 어머니가 있는 신붓감과 기쁘게 혼인하고, 위컴을 동서로 두는 것을 마다않는다. 이제 자신도 잘못이 있음을 알고는 다른 사람의 허물에 관대한 태도를 갖게 되었던 것이다.

○ 제인 베넷

베넷 집안의 맏딸로 미인이며 심성이 착하다. 엘리자베스와 잘 통하고, 엘리자베스가 비판 일변도로 달릴 때 긍정적인 시각을 제시해 제동을 건다. 제인은 사람을 좋게만 보려고 하고, 위컴이 거짓말쟁이일 가능성을 전혀 생각하지 못하지만, 한 번 정한 의견을 절대 바꾸지 않을 만큼 자기 세계에 빠져 있지는 않다. 캐롤라인 빙리와의 관계를 생각해 보라. 빙리 양의 위선을 알게 된 제인은 변명에 귀 기울이지 않고 우정을 끊은 적도 있다. 그러나 그녀와 인척 관계를 맺게 되자, 착한 마음이 발동하여 빙리 양에게 과할 정도로 책임감을 느끼고 다시 친구가 된다.

제인이 가장 행복하고 성공적으로 결혼하게 되지만, 빙리와의 관계에서 눈에 띄는 변화가 없다. 그녀 자신이 항상 선하고 따뜻한 만큼 빙리를 향한 감정과 관심에도 기복이 없는 것이다. 빙리가 그녀 곁을 떠날 때 슬픔을 느끼긴 하지만 그를 향한 사랑의 변수가 되지 않는다. 늘 즐거운 그들의 관계는 엘리자베스와 다씨가 겪는 감정의 변동 폭에 비해 제자리걸음 수준이다. 잘 어울리는 사람들이 사랑으로 맺어졌다는 점에서 제인과 빙리의 결혼은 남들의 부러움을 사지만, 시련을 겪으면서 무르익은 엘리자베스 부부의 사랑에 비해 다소 깊이가 부족하다고 할 수도 있다.

○ 베넷 씨

작품 전체에서 움직임이 가장 적은 인물. 다른 인물들은 옆집을 방문하고 여행도 떠나지만, 베넷 씨는 거의 서재 밖을 나서지 않는다. 세상 사람들과 떨어져 지내는 그의 몸은 가족들에게서 물러나 있는 마음을 의미한다. 배운 사람이지만, 몸을 움직이기 싫어하고 주변 상황에 무관심하다. 자신의 문제를 생각하기보다는 다른 사람들의 약점을 비웃는 데 치중하는 편이다. 가장의 역할을 도외시하다 보니, 죽으면 가족들이 집도 절도 없이 곤궁하게 지낼 형편이다. 이런 사실을 알고 있으면서도 상황을 개선하려고 노력하지 않는다. 그 결과, 베넷 씨는 재미난 인물에서 독자들에게 모종의 경멸감을 갖게 하는 대상이 된다.

○ 베넷 부인

감정에 휩쓸리고 분별력이 모자란 인물. 어리석은 행위로 딸의 신랑감을 찾는 데 도움이 되기보다 위험 요소가 된다. 키티와 리디아의 잘못된 행동을 부추기고, 엘리자베스를 강제로 콜린스 씨와 결혼시키려는 것으로 판단컨대, 자식들이 사랑 없는 결혼을 하든 말든 별로 신경 쓰지 않는 것처럼 보인다. 행복보다는 안정을 우선으로 꼽기에 스스로도 그런 결혼을 택해, 남편을 이해 못하고, 남편에게서 존중받지 못하는 삶을 살고 있다.

○ 리디아 베넷

철이 없고 감정적이며 어머니를 꼭 빼닮았다. 그녀의 잘못된 행동은 부모가 교육을 제대로 하지 못한 탓이다. 위컴과의 결합은 다분히 육체적인 쾌락에 바탕을 둔 관계다. 생각 없이 충동적으로 행동하고, 부모는 이러한 성향을 방임한다.

○ 조지 위컴

매력적이고 세련된 말솜씨로 사람들에게 자신의 존재를 각인시키는 힘이 있다. 소설 전반에 걸쳐 그는 주저 없이 빚을 지고 도망가는 도박꾼의 모습으로 비춰진다. 여자를 사권 때 돈을 밝히는 점은 킹 양과 급속도로 가까워진 것을 알게 된 가디너 부인에게 처음으로 감지된다. 엘리자베스처럼 사람의 마음을 읽는 능력을 타고났지만, 이런 재주를 자기 이익을 위해서만 쓴다. 예컨대, 엘리자베스가 다씨를 안 좋게 본다는 것을 알아차리고 그녀의 공감을 끌어내려 한다.

○ 샬럿 루카스(콜린스 부인)

콜린스 씨와의 정략결혼으로 엘리자베스에게 비난받지만, 19세기 당대의 현실에 비춰볼 때, 엘리자베스의 결혼보다 훨씬 더 현실적이다. 엘리자베스의 이야기는 한 편의 연애 소설이지만, 샬럿의 이야기는 사회를 비추는 거울이기 때문이다. 엘리자베스는 샬럿이 왜 콜린스 씨와 결혼했는지 영문을 모르면서도, 어쨌거나 가정을 탄탄히 꾸려나가는 힘에 존경심을 갖는다. 다씨와 엘리자베스의 결합이 오스틴 소설을 읽는 여성 독자들이 꿈꾸는 이상이었다면, 샬럿과 콜린스의 결합은 그 독자들이 실제로 맞닥뜨릴 가능성이 아주 높았던 실생활이었다.

마무리 노트

19세기 초반 영국 여성의 역할

현대 독자들이 엘리자베스 베넷과 그 자매들의 결혼 생활을 이해하기란 쉽지 않을 것이다. 오늘날의 여성은 결혼은 물론 대학 진학, 관심 분야의 경력, 또는 경제적인 자립 등 다양한 선택권이 주어지지만 오스틴 당대의 여성은 그렇지 못했다. 중류층과 상류층 가정에서는 딸을 학교에 보내긴 했어도, 교육은 어디까지나 '배웠다'로 그쳤고 지식 향상에는 가치를 두지 않았다. 게다가 19세기 초반에는 여성에게 고등 교육의 기회는 주어지지 않았고, 개인 교습이나 여자 가정교사, 사립 학교가 전부였다. 당연히, 엘리자베스 베넷처럼 발랄하고 호기심 많은 처녀는 독서를 통해 나름의 지식을 넓혀가는 노력을 기울였다. 엘리자베스는 캐서린 부인에게 자기네 자매들의 교육이 체계적이지는 않았으나 독서는 쉽게 할 수 있었다는 점을 넌지시 비춘다. "우리는 배우고는 싶었어도 학교는 원치 않았어요. 독서가 권장되는 분위기였고, 필요한 선생님들은 모두 있는 셈이었죠. 빈둥거리고 싶은 사람은 그랬을지도 모르지만요." 여성의 지식 습득을 놓고 이야기하면서, 다시 역시 '폭넓은 독서로 생각을' 풍요롭게 하려는 여성을 진정 훌륭한 여성으로 손꼽는다.

여성에게 주어지는 정식 교육은 취업에 한계가 있는 만큼 제한적이었고, 그런 이유로 다시 취업이 제한되는 악순환의 연속이었다. 사회가 의술이나 법조계 등의 전문직에 여성이 진출하는 것을 받아들이지 못했기 때문에 도전 기회조차 차단되었다. 사실상, 중류층과 상류층 여성이 노후를 보장받을 길은 거의 없었다. 결혼을 못하면, 아버지나 오빠, 혹은 남자 친척 누군가로부터 적은 용돈을 받아 살아가야 했다. 엘리자베스의 경우, 아버지 생전에는 문제가 없지만, 아버지 사후에는 기댈 데가 없는 형편이다. 그렇게 되면 어머니와 엘리자베스 자매들은 어쩌면 필립스 부부나 가디너 부부, 콜린스 씨에게 도움을 청해야 할지도 모른다. 아주 극단적인 경우이겠으나 혐오스럽고 굴욕적인 처지가 아닐 수 없다.

달리 자립하고자 한다면 선택의 여지는 있다. 가정교사나 귀족 여자의 말벗이 되는 것이다. 두 직업은 여성이 사회적인 지위를 그대로 유지하면서 생계를 이을 수 있는 수단이다. 그러나 현실은 자존심에 상처를 주는 불쾌한 경우가 많았다. 가정교사는 가르치는 집 남자들의 노리개가 될 수도 있었고, 귀족 여자의 말벗은 드 버그 양과 함께 지내는 젠킨슨 부인처럼 무시당하고 하인 일을 하게 될 수도 있었다. 그 외의 직업을 선택하는 여성은 사회에서 용인되지 않았고, 사회적 신분에 회복 불가능한 타격을 받았다.

미혼 여성의 사회적 신분은 가족을 벗어나면 보장받지 못할 수도 있었다. 결혼 경험이 없는 여성이 가족과 따로 떨어져 살게 되면, 적어도 그녀에게 어울리는 보호자가 있어야 한

다. 따라서 〈오만과 편견〉에서도 베넷 가의 딸들이 여행할 때
는 항상 친척이나 믿을 만한 기혼 여성이 동행한다. 제인이 가
디너 부부를 찾아간 것, 엘리자베스가 갓 결혼한 샬럿과 머물
다가 나중에 가디너 부부와 함께 길을 떠난 것, 리디아가 포
스터 부인의 손님으로 브라이튼에 간 것 등이 모두 이런 연유
때문이다. 리디아는 결혼 전에 위컴과 단둘이 두 주 동안 함께
있었다는 사실로 사회적인 신분과 명예가 훼손된다. 결혼만이
그녀가 사회에서 배척당하지 않고, 가문의 내침 없이 집안의
명예를 지킬 수 있는 방책이다. 결과적으로, 다씨가 위컴과 리
디아를 찾아내 돈을 써서라도 결혼하도록 처리했기에, 리디아
개인의 명예뿐 아니라 베넷 집안 전체를 건진 것이다.

돈의 문제

　　〈오만과 편견〉의 전개 과정에서 돈은 중심적인 역할을
한다. 한정 상속으로 인해 베넷 집안 여자들은 베넷 씨 사망
후 경제적으로 황량한 미래를 맞게 되어 있다. 이 사실을 독자
들이 안다면, 베넷 부인이 딸들을 위해 신랑감을 찾는 노력에
는 속없는 행위로만 치부할 수 없는 긴박감이 있다. 등장인물
과 돈이 관련된 상황을 구체적으로 알게 되면 독자들은 각 인
물의 행위가 유발된 동기와 의미를 더 잘 이해할 수 있을 것
이다.

오스틴은 〈오만과 편견〉에서 사람들의 재정 상태를 언급할 때 실제 돈의 합계로 알려준다. 다씨를 그저 부자라고 뭉뚱그리는 것이 아니라 연수입이 1만 파운드이고, 엘리자베스는 아버지가 죽으면 가난해진다 말에서 그치지 않고 1년에 40파운드 수입으로 버텨야 할 것이라는 식이다. 그것이 지금 가치로는 얼마나 될까? 비평가 에드워드 코플랜드는 오스틴 당대의 1파운드 가치를 대략 80달러로 환산했다. 그는 과학적인 계산의 결과는 아니므로 확실한 수치가 아니라고 하지만, 그런 환산법이 작품 도처에 언급된 돈의 가치를 헤아리는 데는 도움을 준다.

베넷 씨의 연간 수입은 2천 파운드, 즉 16만 달러에 해당된다. 다씨의 1만 파운드, 곧 80만 달러와 비교해 보라. 아울러, 오스틴이 제공한 숫자는 4, 5퍼센트를 더해서 생각하면 된다고 알려져 있다. 이런 수치는 지주 젠트리 계층이 국가 발행 유가 증권에 투자해서 얻는 수입이다. 빙리는 '1년에 4, 5천'이라고 언급되는데, 베넷 부인이 그의 유산 10만 파운드의 연 이자가 얼마인지 모르기 때문이다. 이런 점은, 콜린스가 선심 쓰듯 엘리자베스에게 지참금으로 '4퍼센트로 쳐서 1천 파운드'만 가져와도 뭐라 않겠다고 말할 때도 합계는 그보다 덜한 액수로 계산된다. 다시 말해, 엘리자베스는 아버지 사망 후 연 4, 50파운드에 의지해서 생계를 꾸려야 한다는 것으로, 달러로 환산하면 3,200에서 4천 달러가 된다.

이렇게 오스틴 당대의 파운드 가치와 현대의 달러 가치를 비교하면, 인물의 수입이 각기 분명해지기도 하고, 다씨가 위컴에게 사용한 금전 거래 내역도 드러난다. 처음에 위컴은 다씨의 아버지로부터 천 파운드, 약 8만 달러를 물려받았다. 그리고 임명되기로 한 성직을 포기하면서 추가로 3천 파운드(24만 달러)를 받았다. 3년 후, 그는 다씨에게 또 돈을 요구했고, 다씨는 주지 않았다. 그러자 그는 유산 3만 파운드(240만 달러)를 받게 되어 있는 다씨 양을 유혹해 도피 행각을 벌이려 한다. 이어서 그는 리디아와 도망치는데, 그녀 몫은 엘리자베스와 같은, 연 40파운드로 총 천 파운드이다. 그는 다씨에게 리디아와 결혼할 마음이 없으며, 여전히 상당한 재산을 상속받는 여자와 결혼할 계획이라고 말한다. 위컴을 리디아와 혼인시키기 위해 다씨는 위컴의 빚을 갚아줘야 할 처지에 놓이고, 빚 청산 대금 천 파운드와 약 450파운드의 장교 임관 비용을 쓴다. 베넷 씨도 "위컴이 리디아를 데려가면서 1만 파운드 이하를 우려내면 바보지"라고 추산하는데, 그러고 보면 다씨가 아마 80만 달러를 추가로 지불했을 가능성이 높다. 엘리자베스가 다씨의 도움과 가족이 그에게 진 빚을 생각하고 압도되는 장면은 이렇게 달러로 환산해 보면 훨씬 분명하게 이해된다.

Review

이 부분은 원작에 대한 이해력을 테스트하는 난입니다. 다음의 세 가지 코너를 차례로 끝내면, 〈오만과 편견〉에 대한 포괄적이고 의미 있는 파악이 가능해질 것입니다.

A 다음 질문에 간단히 대답하시오.

1. 소설 전체에 걸쳐 다씨와 엘리자베스는 오만과 편견을 보이는 잘못을 범하고 있다. 그들의 오만과 편견의 대상은 무엇인가?

2. 베넷 씨의 재산은 한정 상속의 대상이라고 하는데, 무슨 의미인가?

3. 샬럿과 엘리자베스의 결혼관은 어떻게 다른가?

4. 엘리자베스가 다씨의 첫 번째 청혼을 거절한 이유는 무엇인가?

5. 위컴은 다씨가 성직자 자리를 빼앗아갔다고 하는데, 실상은 어떤가?

6. 엘리자베스가 가디너 부부를 따라 여름휴가를 떠난 곳은 어디인가?

7. 무슨 일로 엘리자베스와 외삼촌 부부 일행은 방문 일정을 취소해야 했는가?

8. 리디아와 위컴의 소재를 파악하고 위컴이 리디아와 결혼하도록 주선한 사람은 누구인가?

9. 빙리가 제인에게 용기를 갖고 청혼하게 된 계기는?

10. 엘리자베스가 다음번 청혼에는 응할 것이라고 다씨에게 희망을 불
    어넣은 사람은 누구인가?

모범답안: 1. 다씨는 사회적 신분에 자긍심을 느끼고 있고, 베넷 집안 사람들이 예의에
어긋나게 행동하고 사회적 위상이 낮은 직종에 있다는 편견을 갖는다. 엘리자베스는 첫
번째 무도회에서 다씨에게 거절당하고 자존심에 상처를 입는다. 그녀는 다씨의 말수가
적고 거만한 태도에 편견을 갖는다. 2. 법적으로, 베넷 씨의 사망 시 남자 상속인(콜린
스)에게로 재산이 넘어가게 되어 있다. 3. 샬럿은 여자가 안정을 위해 결혼한다고 생각
하고, 엘리자베스는 사랑이 결혼의 첫째 조건이라고 생각한다. 4. 엘리자베스는 다씨
의 오만함에 거부감을 느끼고 있던 차에 다씨가 빙리와 제인의 사이를 갈라놓고, 위컴
도 부당하게 대우했다고 생각하기 때문이다. 5. 위컴은 3천 파운드를 요구하고 성직을
포기했다. 6. 더비서 군. 그들은 그곳에 있는 다씨의 저택 펨벌리를 방문한다. 7. 리디
아가 위컴과 도주 행각을 벌였다고 해서. 8. 다씨. 9. 제인이 빙리에게 사랑을 느끼고
있다고 다씨가 알려주었기 때문. 10. 캐서린 드 버그 부인.

B 원작에서 다음 인용문을 찾아, **누구의 말인지 밝히시오.**

1. 상당한 재산을 가진 독신남에게 반드시 아내가 필요하다는 것은 보편적으로 알려진 진리다.

2. 결혼의 행복은 전적으로 기회의 문제야. 신랑 신부가 혼전에 서로를 너무 잘 알고 성격이 아주 비슷하다면, 적어도 결혼으로 행복을 더 키우는 데는 한계가 있어.

3. 나는 내 앞에서 미모의 여성이 예쁜 두 눈으로 나를 보고 있는 생각을 하면서 커다란 기쁨에 젖어 있었습니다.

4. 사랑이 아니라 자존심을 앞세우다니 내가 어리석었어. 처음 우리가 알아갈 바로 그때, 피어오르는 사랑 때문에 기뻐하면서도 자존심이 무시되자 기분이 상했던 거지. 내가 아집과 무지의 비위를 맞추다가 어느 쪽이 걸려 있든 간에, 판단력을 쫓아낸 꼴이 된 거군. 지금 이 순간까지 나 자신을 그렇게도 몰랐다니 참.

5. 가문도 배경도 시원찮고 돈도 없는 처녀가 콧대만 세다, 이걸 참고 보라구! 그런 일은 있어서도 안 되고, 있게 놔두지도 않을 거야. 자네도 분별력이 있다면 자라온 환경을 떨치고 나오길 바라진 않을 테지.

6. 1년에 만 파운드 수입이라! 아이구 하느님! 이게 어떻게 돌아가는 거야! 난 기절하겠네!

모범답안: 1. 화자 2. 샬럿 루카스 3. 다씨 4. 엘리자베스 베넷 5. 캐서린 드 버그 부인 6. 베넷 부인

C 다음 질문에 대해 간단히 서술하시오.

1. 오스틴이 작품 전체를 통해 반어법을 구사하는 방식을 논하라. 화자의 묘사와 인물 간의 대화에 내재한 반어의 예와 함께 구조적인 반어법의 예를 들어라.

2. 엘리자베스와 다씨의 관계가 전개되는 양상을 탐구해 이들이 어떻게 서로를 오해하게 되고, 어떻게 생각의 일치에 이르는지 서술하라.

3. 〈오만과 편견〉이 많은 독자에게 감동을 주는 힘은 무엇이라고 생각하는가?

4. 소설의 끝에 나타난 다씨의 행동은 소설의 처음과는 판이하게 달라져 있다. 작품 안에서 이런 변화가 설득력을 갖는지, 찬반 의견을 정하고 이유를 설명하라.

5. 엘리자베스의 직설적이고 독립적인 성격이 어떻게 캐서린 드 버그 같은 인물들이 지닌 완고한 보수주의에 일침을 가하는가?

6. 메리튼 사람들은 돈을 밝히고 변덕스러운 집단으로 묘사된다. 이런 사람들의 의견이 소설의 진행 방향에 어떤 영향을 미치는가?

7. 작품 첫 부분에서 엘리자베스는 왜 다씨를 애써 불신하고, 위컴을 신뢰하는 쪽으로 마음이 기우는가?

8. 엘리자베스 베넷의 결혼관은 당대 사회의 결혼관과 어떻게 다른가? 엘리자베스의 결혼관과 사회에서 통용되는 결혼관을 대변하는 인물은 각각 누구인가?

9. 오스틴이 빙리 양, 콜린스 씨, 캐서린 드 버그 부인 등을 엘리자베스와 다씨의 결합에 어떻게 이용하고 연결시키는지 설명하라.

一以貫之
논술노트

一以貫之는 '논어'에 나오는 말로 '모든 것을 하나의 이치로 꿴다'는 뜻입니다.

논술의 주제와 문제 유형, 제시문들은 참으로 다양하고 가지각색입니다. 그러나 그 모든 것을 하나로 꿸 수 있습니다. '인간사회의 보편적 문제들에 대한 근원적인 물음에 답하는 자기 나름의 견해'라는 것이지요. 논술은 인간이면 누구나 부딪히는 개인적 또는 사회적 문제들에 대한 자기 나름의 고민이자 성찰입니다. 논술은 자기견해, 자기 가치관, 자기 삶에 대한 솔직한 고백입니다.

一以貫之 논술연구모임은 '자신의 물음'과 '자신의 생각'을 갖고 '자신의 글'을 쓸 수 있도록 도와줍니다.

〈집필진〉
최미석, 이호곤, 박규현, 김법성, 김재년, 김병학, 도승활, 백일, 우효기, 조형진

오만과 편견을 넘어서

오만과 편견… 오만이란 무엇일까요? 오만의 사전적 정의는 '태도나 행동이 건방지거나 거만함 또는 그 태도나 행동'입니다. 그럼, 사람들은 왜 오만할까요? 오만한 사람은 자기 자신에 대해 자신이 없는 사람입니다. 여기서 좀 의아해 할지도 모르겠네요. 자기 자신에 대해 지극한 자신감이 있는 사람이 오만한 게 아닐까, 라고 말입니다. 그럼 한번 잘 생각해 보세요. 남을 무시한다는 것은 남들이 나를 무시하지 못하게 하기 위해서입니다. 누군가 나를 공격하기 전에 선수를 치는 것과 같죠. 하지만 내가 그렇게 나서지 않아도 남들이 그를 자발적으로 인정해 주는 상황이라면 어떨까요? 그런 경우에도 그는 오만할까요? 오만하다는 것은 의외로 피곤한 일입니다. 자신이 만들어 놓은 틀에 얽매여서 자기 자신과 자기 주변의 사람을 규정해 나가야 하기 때문입니다. 오만함은 자기 방어적 행위입니다.

그렇다면 편견은 어떨까요? 편견의 사전적 정의는 '공정하지 못하고 한쪽으로 치우친 생각'입니다. 편견도 오만함과 마찬가지로 자기 방어적 행위입니다. '나와 다름'을 인정하지 못하기 때문에 자기중심적으로 생각하게 되고 평가를 내리게 되는 것이죠. 그럼으로써 우리는 안전함을 느낍니다. 만약 그 반대의 경우가 되면 나 자신이 이상한 사람이 되거든요. 이건

용납할 수 없는 것입니다. 나라는 사람은 지극히 정상적인 사람이며 나와 다른 생각을 하고 행동을 하는 저 사람은 원래 결함을 가진 이라고 생각하는 것이죠.

이렇게 오만과 편견에 대해 얘기하다보니 이것들이 참 자연스런 것들이라는 생각이 들지 않으세요? 하지만 자연스럽다고 해서 그것이 바른 것이라고 말할 수는 없겠죠. 오만과 편견, 대체 무엇이 문제일까요?

삶? 앎!

오만과 편견은 올바른 인식을 방해합니다. 그럼 왜 우리는 올바른 인식을 해야 하는 거죠? 인식을 쉬운 말로 하자면 '앎'입니다. 대체 우리에게 '앎'이란 무엇일까요? 그것에 대해 말씀드리기 전에 제 경험담 하나를 말해 보겠습니다.

예전에 국악공연을 보러간 적이 있습니다. 뭐 평소에 국악에 대해 지대한 관심이 있었던 것은 아니고 그냥 아는 분이 공연을 한다고 해서 찾아갔었습니다. 두 시간 동안 진행되는 공연이었는데 정말 지루하기 짝이 없었어요. 계속 앞 사람한테 인사만 하다가 갑자기 들려오는 친숙한 소리에 눈을 뜨게 됐지요. '제비 몰려나간다~~' 익숙한 창이 나오자 비로소 저도 그 공연의 관중이 될 수 있었습니다. 무엇인가를 안다는 것은 그것이 내 삶의 일부로 들어오게 할 수 있음을 의미합니다. 그렇기 때문에 앎은 삶과 직결되는 문제입니다. 그런데 문제

121

는 안다는 것은 쉬운 일일지 모르겠지만 제대로 안다는 것은 아주 어려운 일이라는 것입니다. 미야자키 하야오의 "바람계곡의 나우시카"를 보면 이런 대화가 나옵니다.

아스벨: 부해*가 생긴 이유라… 넌 이상한 생각도 다 한다?

나우시카: 부해의 나무들은 인간이 오염시킨 이 세계를 깨끗하게 하기 위해 생겨난 거야. 대지의 독을 몸 속으로 흡수해 깨끗한 결정으로 만든 다음 죽어서 모래가 되어 가는 거지. 이 지하 동굴은 그렇게 해서 생긴 거고… 곤충들은 이 숲을 보호하고 있는 거야.

아스벨: 그렇다고 하면… 우리들은 멸망할 수밖에 없는 것 같군. 몇 천 년이 걸릴지 모르는데 장기간 곤충에 떨면서 살아가는 건 무리야. 하다못해 부해를 이 이상 넓어지지 않게 하는 방법이 필요해.

—미야자키 하야오 "바람계곡의 나우시카"

대전쟁 이후 살아남은 인간들에게 부해는 목숨을 위협하는 해로운 것이며 없애야 할 것입니다. 이것이 일반적인 사람들의 인식이었습니다. 하지만 나우시카는 다른 생각을 합니다. 그리고는 부해의 또 다른 존재의 의미를 밝혀냅니다. 만약 나우시카가 다른 이들의 생각에 동조한 채 자신의 탐험활동을

---

* **부해:** 곤충들이 사는 곳으로 일종의 곰팡이가 만들어낸 숲. 부해의 식물들이 밖으로는 독을 뿜고 있지만 안으로는 세상을 정화시키고 있음.

멈춰버렸다면 어땠을까요? 나우시카는 물론이고 다른 사람들은 절대 부해의 진실에 대해 알지 못했을 것입니다. 앎이란 이런 겁니다. 자신이 알고 있는 것을 절대화하지 않는 것. 그것이 올바른 앎의 시작입니다. 그럼 올바른 인식의 문제에 대한 고민을 갖고 소설 〈오만과 편견〉을 읽어볼까요? 소설 〈오만과 편견〉에는 참 많은 인물들이 등장합니다. 그 인물들은 각자 독특한 캐릭터를 가지며 우리에게 여러 가지 시사점을 던져줍니다.

여자는 당연히 그래야지! 지독한 편견의 시대 그리고 인물들

제인 오스틴이 살던 시절, 여성이 남성보다 이성적으로 열등한 존재이기 때문에 굴복해야 한다는 18세기적 사고에서 별 진전을 보이지 못하고 여성에 대한 기존의 사회의식은 정체된 시절이었습니다. 이 시기 동안 여성은 여전히 법적으로나 정치적으로나 2등 시민에 불과했습니다. 이성적인 존재를 신과 남성으로 공식화하면서 여성의 존재는 인간 이외의 존재들과 마찬가지로 이성이 결핍되어 있는 것으로 여겨졌으며, 참정권을 포함한 정치와 여타의 행정에 참여할 권리, 남성과 동등한 교육을 받을 권리, 경제적·사회적 역량을 발휘할 기회 등이 극도로 제한되어 있었습니다. 그리고 여성을 비하, 멸시하고 불신하는 뿌리 깊은 고정관념(여성에 대한 지독한 편견)으로 인해 여성의 본질과 천성 또한 남성 중심적인 관점에서 인위적으로 규정되어 있었습니다. 이러한 사회적 통념과 성 이데올로기의 압력 아래 남성의 안식처가 되어주며 현모양처가 되는 것이 그 시대가 요구했던 여성상이었습니다. 따라서 정신적인 면에서 독립을 추구하고 있던 여성 또는 사회적으로 독립을 추구하고 있던 여성은 기존의 제도 등으로 인해 사회적으로 독립할 수 있는 통로가 막힘으로써 정신적 갈등을 겪을 수밖에 없었습니다. 그런데 더 큰 문제는 사회적 편견이 워낙 거대하고 지배적이다 보니 어느새 그것이 피해당사자인 여성들에게조차 당연하고 자연스러운 것으로 받아들여져버렸습니다.

사람을 쉽게 좋아하고 남의 결점은 쉽게 눈에 띄지 않고 모든 사람을 다 착하고 좋게만 보는 제인의 성향은 당대 사회가 요구하는 여성상이 무엇인지를 명확하게 알게 해줍니다. 그녀는 외모가 아름다울 뿐 아니라 감정을 누르는 힘, 침착한 성격과 착한 심성을 지니고 있으며, 가장 큰 특징은 모든 사람을 다 좋게 생각하려 하는 경향을 지녔다는 것이죠. 그런 그녀에 대해 동생인 엘리자베스는 모든 사람을 좋게만 보는 것은 불가능하다며 충고합니다. 사람됨을 올바르게 판단하지 못하고 무조건 좋게만 보려는 그녀의 성격은 좋은 성품이라기보다 무지함이라 하지 않을 수 없는데, 이는 주위 사람들과 사회를 관찰하는 안목이 너무 단순하고 어리석은 탓이라 할 수 있습니다. 그녀는 그녀만의 지독한 편견으로 세상을 읽고 있는 것입니다. 그러한 편견은 자신의 삶의 기준에서 나온다고 볼 수 있습니다. 어찌 보면 그것은 품위 있는 숙녀로서 자신의 평판을 지키기 위한 행동이었을지도 모릅니다. 하지만 엘리자베스의 지적처럼 그러한 그녀의 편견 덕분에 세상에 대한 올바른 인식으로 나아가지를 못합니다.

베넷 가의 여러 딸 중 사실 가장 흥미로운 딸은 바로 막내 리디아입니다. 그녀는 정말 놀라울 정도로 감성적이고 신중하지 못한 성품을 지니고 있죠. 그녀는 당시의 아가씨들처럼 이동도서관에서 유행하던 상업적 소설을 읽으면서 남녀 간의 사랑에 대한 환상을 갖게 됩니다. 그녀의 관심사는 무도회, 연애, 사관이 전부였으며 남자를 선택함에 있어서도 사랑이나 신뢰를 바탕으로 하지 않고 자신에게 관심을 보이는 사람이라면 누구나 좋아해 버리는 천박한 습성도 가지고 있었습니다. 위컴의 잘생긴 외모에만 빠져 가족들 몰래 결혼도 하지 않고 도망을 가버린 리디아는 놀랍게도 자신의 수치스러운 행동에 대해 일말의 뉘우침이나 부끄러움도 느끼지 못합니다.

제가 어디로 가버렸는지 아시면 언닌 웃음을 터뜨릴 걸요. 그리고 저도 언니가 내일 아침 제가 사라진 걸 알고 놀라실 생각을 하면 웃음을 참을 수가 없어요. 전 그레트나 그린으로 가고 있어요. 그리고 언니가 제가 누구랑 있는지 짐작 못하신다면, 언니를 바보 멍청이로 생각할 거예요. 왜냐하면 제가 사랑하는 사람은 이 세상에서 하나

뿐이고 그이는 천사예요. 전 그이 없이는 행복할 수가 없고 그래서 집을 나가는 게 해로울 것이 없다고 생각해요. 마음이 내키지 않으신다면, 제가 갔다고 롱본에 전하실 필요는 없어요. 제가 직접 편지를 써 보내면 더욱 놀랄 테니까요. 리디아 위컴이라고 서명해서 말이에요. 너무너무 재미있을 거예요! 웃음이 나와서 편지를 못 쓰겠네요.

그녀의 이 놀라운 뻔뻔함은 결혼 사건 후 다시 찾은 그녀의 친정집에서 자신의 엄마와 나누는 대화 부분에서 절정에 치닫습니다.

"근데, 엄마" 모두 조찬실로 돌아왔을 때, 그녀가 말했다.
"내 남편 어떻게 생각해? 매력 있는 남자 아냐? 언니들이 날 너무너무 부러워할 걸. 언니들도 내 반만큼이라도 운이 좋았으면 한다고요. 언니들도 모두 브라이튼에 가야 해. 남편감 얻는 곳으론 최고지, 엄마. 왜 모두 안 갔는지 모르겠어. 정말 유감이지 뭐야."

그녀가 이렇게 소위 막 나가는 이유는 언니들에 대한 자격지심 때문입니다. 엄마에게 말하는 부분을 보면 알 수 있듯이 그녀는 그녀의 행동에 대해 언니들의 반응을 지속적으로 얘기하고 있죠. 리디아는 큰 언니 제인보다 아름답지도, 둘째 언니 엘리자베스처럼 지적이지도 못합니다. 그렇기 때문에 늘 자신은 '부족하다'라는 피해의식 속에서 살아왔을 겁니다. 그렇기 때문에 비정상적인 방법을 동원해서라도 언니들과는 다른, 뭔가 우월한 일을 해내서 언니들 위에 서 있겠다는 그릇된 오만함을 동경한 나머지 그런 어처구니없는 일을 저지르게 됩니다. 하지만 그녀가 그렇게 스스로의 편견에 빠져 있으면서 진정한 자신의 모습을 잃어가고 있다는 데 큰 문제가 있습니다. 사실 리디아는 약간은 멍청하지만 다른 언니들이 절대로 가지지 못하는 매력이 있었습니다. 그건 바로 유쾌함, 명랑함, 그리고 애교였죠. 하지만 그녀는 자신이 가지고 있는 보석 같은 자신의 매력을 발견하지 못합니다. 만약 그녀가 자신의 보석을 깨달았다면 절대로 그런 바보 같은 짓을 하지는 않았을 테니 말입니다.

자신에 대한 지독한 편견은 막내딸 메리에게서도 잘 드러납니다. 그녀는 자신의 결점이라 생각되는 외모를 보충하기 위해 지식과 교양을 습득하는 데 열중하는 모습을 보여줍니다. 그러나 그녀가 받은 교육은 자신의 허영심을 채우기 위한 사치품에 지나지 않기 때문에 메리는 그 교육 안에 갇혀 있는 모습으로 나타납니다. 사람들의 이목을 끌고 자신을 자랑하기 위한 수단으로 지식과 교양을 습득하는 그녀의 특성은 루카스 경의 집에 많은 사람들이 모였을 때, 분위기와는 상관없이 자신을 뽐내기 위해 스스로 자청해서 피아노를 연주하는 모습에서 나타납니다.

그녀(엘리자베스)의 노래는 명창이란 말을 듣기는 어려웠지만 그만하면 훌륭했다. 한두 곡 부르고 나서, 한 곡 더 해달라는 몇몇의 요청에 미처 답하기도 전에, 동생 메리가 얼른 나서서 피아노 자리를 이어받았다. 메리는 식구들 가운데 유일하게 못생긴 편이라 지식과 교양을 쌓으려 열심히 공부했고 언제나 과시하고 싶어 안달이었다. 메리는 재능도 소양도 없었다. 허영심이 있다 보니 열심이기는 했지만, 아는 척하고 잘난 척했다. 그런 태도로는 더 뛰어난 연주도 망칠 지경이었다.

메리는 베넷 가의 여러 딸 중 가장 슬픈 인물입니다. 여성에 대한 당시 사회의 지배적 편견의 희생자이기 때문입니다. 제인 오스틴이 살던 시대의 여성들은 자신의 내면적 자질을 개발하고자 하는 신념이 없었습니다. 여성의 사회적 이상과 목표는 무엇을 성취하는 것이 아니라 가능한 한 재산이 있고, 지위가 높은 사람과 결혼하는 것이었으므로, 학문적이고 자기 개발을 이룰 수 있는 교육은 그들에게 중요한 것이 아니었던 것입니다. 즉, 여성들의 교육은 남자들이 생각하는 여성다움의 범위와 수준을 벗어나지 않는 것이었으며, 남성을 유혹하여 결혼하는 것만이 그 목적이었다고 할 수 있었습니다. 따라서 순결, 아름다움, 순종 등이 여성다움의 기준으로 제시되었고, 모든 여성이 갖추어야 할 미덕으로 간주되고 있었던 거죠. 바로 이것이 그 당시 모든 여인들을 옭아매던 그 사회의 편견이었고 메리도 여지없이 그것의 희생자였던 것입니다. 언니와 닮기 위해 자신의 시간을 허비해 버린 그녀는 결코 성공할 수 없었습니다. 왜냐하면 성공에서 가장 중요한 자신에 대한 믿음이 없었기 때문입니다. 자신에 대한 믿음은 오만함과는 다른 것입니다. 자신에 대한 믿음은 자신에 대한 사랑이며 진정한 자신에 대한 믿음은 자신에 대한 올바른 인식에서 출발하기 때문입니다.

난 그래도 돼, 넌 그러면 안 되지 — 오만의 인물들

이제는 〈오만과 편견〉에 나오는 오만으로 똘똘 뭉쳐진 인물들을 살펴볼까요. 물론 오만과 편견은 동전의 양면과 같아서 어느 하나만 독립적으로 존재하는 것은 아닙니다. 하지만 논의의 편의상 오만이 강한 인물형들을 따로 뽑아서 생각해 봤습니다.

베넷 가는 아들이 없기 때문에 베넷의 모든 재산은 그가 죽고 나면 가장 가까운 남자 상속자인 콜린스에게 돌아가게 되어 있었습니다. 이는 당시 여성 예속의 대표적 예로 들 수 있는 한정 상속이라는 제도로 인한 것이었는데, 이는 당시 대표적인 남녀불평등 제도였죠. 딸들만 여럿 있는 베넷 부인이 오로지 재산 있는 남자들에게 딸들을 시집보내는 데 집착하는 것은, 당시 여성이 경제적 독립권이 없었기 때문에 경제적으로 살아남기 위해서는 재산 있는 남자를 골라야 한다는 사회적 통념에서 비롯된 것이라고 할 수 있습니다.

콜린스는 무식하고 인색한 아버지 밑에서 복종이라는 테두리 안에서 길러졌고, 우연한 기회에 캐서린 부인을 만나 헌스포드 목사 자리가 비어 있을 때 부인의 후원에 힘입어 교구 목사직을 얻게 되어, 그녀에게 아첨하고 비굴한 모습을 보이며, 자기보다 못하다고 생각되는 이에게는 오만한 모습을 보이는 아주 속된 인물입니다. 자신의 비굴함을 철저히 감추기 위해 자신보다 윗 상전에게는 철저한 충성심으로 가장하고 자기보다 아래라고 판단한 사람에게는 성직자로서의 온화함이라는 걸로 가장하곤 하죠.

"또한 성직자로서 저는 제 영향력 범위 안에 있는 모든 가족 내에 평화의 은총을 수립하고 증진시키는 것을 제 의무라고 느끼고 있습니다. 이런 이유로 해서 저는 이 선의의 제안이 매우 칭찬할 만한 것이라고 자부하고 있으며, 어르신께서도 제가 롱본 저택의 상속자라는 사정을 너그럽게 봐주시고 제가 내민 올리브가지를 거부하지 않으시리라 믿어 의심치 않습니다. 제가 어르신의 사랑스러운 따님들께 피해를 주는 위치가 된 점이 안타까울 뿐이오며, 그에 대한 사과를 받아주셨으면 합니다. 또한 추후에 더 말씀드리겠지만, 가능한 모든 방법으로 기꺼이 따님들께 보상할 생각임을 분명히 말씀드리고 싶습니다."

이것은 콜린스의 허세와 위선에 대한 풍자이기도 하지만 당시를 지배하던 남성들의 여성에 대한 우월의식의 전형적인 모습이라고도 볼 수 있습니다. 이러한 그의 이중적인 삶의 모습은 잘못된 사회의 가치에 대한 그의 무비판적인 추종에 그 원인이 있다고 봅니다. 그는 인생에 있어서 가장 중요하다고 생각되는 결혼에 있어서도 결혼할 상대의 인격이나 애정을 전혀 고려하지 않은 채 배우자를 선택하려 하고 있습니다. 이런 그의 삶을 제대로 된 삶이라 할 수 없습니다. 그는 항상 성직자로서의 자신의 모습과 남의 눈을 신경 씁니다. 그리고 자기보다 더 나은 사람, 자기에게 더 없이 오만한 사람들의 시선이 항상 옳다고 생각합니다.

이런 콜린스에게 가장 오만한 존재로(물론 콜린스는 그것을 오만이라 받아들이지 않습니다. 오히려 당연한 것으로 받아들이죠.) 느껴질 만한 사람이 바로 캐서린 부인입니다. 아마 제인 오스틴의 〈오만과 편견〉에 나오는 인물 중에서 오만도로 따지면 당당히 1위를 차지할 사람이 바로 이 캐서린 부인일 것입니다.

콜린스 부부가 거주하는 목사관을 방문한 엘리자베스가 캐서린 부인의 초청을 받아 일행과 함께 로징스 영지를 찾아갔을 때 캐서린 부인은 매우 오만하고 위압적인 태도로 그들을 맞이합니다. 그러나 엘리자베스는 캐서린 부인의 외관적인 당당함이 남다른 재능과 놀랄 만한 덕으로부터가 아니라 단지 돈과 지위에서 나오는 것이라 생각하고 압도당하지 않고 당당하게 그녀에게 맞섭니다. 그런 그녀의 반응에 캐서린 부인은 적잖이 당황하죠. 후에 캐서린 부인은 엘리자베스에게 신분과 혈통을 내세우면서 다씨는 같은 귀족 출신인 그녀의 딸과 결혼해야 마땅하며, 그와 결혼할 생각이 있다면 단념하라고 말하는 그녀의 오만함의 극치를 보여줍니다.

"내가 말할 때는 끼어들지 마. 잠자코 듣고 있으란 말이야. 내 딸하고 조카는 서로 천생연분이야. 두 사람 다 외가 쪽은 똑같은 귀족 가문 출신이고, 친가 쪽은 작위는 없지만 점잖고 명예로우며 유서 깊은 가문이지. 양가 모두 재산도 굉장하지. 각자의 집안사람들이 모두 입을 모아서 서로 맺어져야 한다는데, 무엇이 둘을 갈라놓겠다는 건가? 가문도 친척도 재산도 변변찮은 젊은 여자 하나가 건방지게 튀어나와 가지고, 이걸 그냥 두고봐야겠냐고! 그래서는 안 되지. 안 되고말고. 아가씨한테 무엇이 득인지 지각이라도 있다면, 아가씨가 자라온 테두리를 벗어나길 원치 않을 텐데."

지각이 있는 자는 자신의 분수를 알 것이라는 캐서린 부인의 말에서 우리는 그녀가 세상을 바라보는 기준이 무엇인지 알 수 있습니다. 그녀는 철저하게 자신의 세계에 대해 오만합니다. 자신이 가지고 있는 절대적인 기준으로 세상을 바라보고 그것에서 조금이라도 벗어나는 것은 오만방자한 행동이며 몰상식한 짓이 됩니다. 그런 그녀의 시각에 다씨 같은 훌륭한 남성에게 엘리자베스 같은 천한 것이 달려드는 것은 절대로 용납될 수 없는 일이었을 것입니다. 그녀의 눈에는 엘리자베스의 지적인 아름다움 따위는 보이지 않으며 자신의 속물적인 추함도 보이지 않습니다.

오만과 편견의 중심 — 엘리자베스 & 다씨

엘리자베스는 스스로를 성격연구가로 칭하며 자신의 주관적인 지적 판단을 과신하는 오만함을 지니고 있습니다. 그녀 자신에 대한 그런 오만함은 주변 인물들에 대한 편견으로 작용하죠. 특히 콜린스의 청혼을 받아들이는 샬럿을 대할 때 그녀의 이런 모습이 잘 드러납니다. 사랑과 지성과 이해를 통한 결혼이 옳다고 생각하는 엘리자베스에게는 무엇보다 친한 친구의 갑작스런 결혼 소식은 너무나 놀라운 일이었으며 그 대상이 콜린스라는 사실에 그녀는 경악을 감추지 못했습니다. 그녀는 콜린스의 어리석음과 샬럿의 지성이 절대 어울릴 수 없을 것이라고 강하게 주장하며 친구의 선택을 질책합니다. 그런 그녀에게 샬럿은 '내 인생은 나의 것'이라고 외치며 너만의 기준으로 모든 사람을 평가하지 말라고 충고합니다. 시간이 지난 후 샬럿의 집을 방문한 엘리자베스는 현실을 직시하고 그 현실 속에서 최대한 적응하며 살아가려는 샬럿의 삶을 보면서 자신의 독단적인 판단에 대해 사과를 합니다.

숙녀들이 지내는 방은 뒤쪽에 있었다. 처음에 엘리자베스는 샬럿이 평소 때 사용하는 방으로 식당을 겸한 넓은 응접실을 택하지 않은 것이 좀 이상하다고 생각했다. 그 방은 크기도 더 넓고 전망도 더 좋았다. 그러나 엘리자베스는 곧 그녀의 그런 결정에 충분한 이유가 있음을 알게 되었다. 만일 그들이 콜린스 씨의 방과 똑같이 쾌적한 방에서 지낸다면 콜린스 씨가 자기 방에서 훨씬 더 적은 시간을 보냈을 건 보나마나 뻔한 일이었다. 그러니깐 그런 배치는 샬럿의 현명함을 말해 주는 것이었다.

다씨는 사회적 지위에서 비롯된 계층의식으로 인한 오만함을 가지고 있습니다. 자신의 내적 가치를 계급과 신분이라는 외형적 가치와 동일시하는 잘못을 범하고 있는 것이죠. 이는 후에 다씨에게 큰 혼란을 일으키는 원인이 됩니다. 그는 자신의 지위에 맞게 오만함과 우월감을 가져도 무방하도록 그의 아버지로부터 교육을 받아왔으며, 자라는 동안에 어느 누구도 자신의 오만함을 지적해 주지 않았습니다. 그가 성장한 배경과 교육 내용은 그가 엘리자베스에게 사랑의 관심을 쏟기 전까지는 그에게 전혀 방해물로 작용하지 않았던 것이죠. 그러나 엘리자베스를 만나면서 그 자신이 가지고 있다고 생각했던 위엄은 '오만함'으로 바뀌게 되고, 그의 계층의식은 사랑쟁취의 방해물이 되어버리고 맙니다.

그들의 첫 만남은 서로 이야기를 나누기 전임에도 불구하고, 다씨가 메리튼 무도회에서 '참을 만하다'는 평을 덧붙여, 엘리자베스의 외모가 자신의 시선을 끌 만큼 아름답지 않다고 말하면서 그녀와 춤을 추라는 빙리의 제안을 거절하는 것으로 시작합니다. 사실 그의 이런 오만함은 그의 어색함을 감추기 위한 하나의 기제에 불과했지만 그의 그런 도도한 언행은 베넷 가뿐만 아니라 주위의 이웃들에게까지도 거만하고 불유쾌한 인물로 비춰집니다. 그리고 엘리자베스는 다씨의 불유쾌한 면만을 주시하고 장점을 보지 못하는 편견에 사로잡히게 되는 것이죠. 그를 부정적으로 보는 것은 그의 오만함으로 인해 거부되어진 자신에 대한 일종의 보상심리가 작용한 것으로 볼 수 있습니다.

　하지만 다씨는 엘리자베스가 분명 좋은 가문의 여성이 아님을 알면서도 그녀의 아름다운 눈을 통해 무도회의 따분함과 단조로움에서 벗어나 큰 기쁨을 느끼게 됩니다. 하지만 그는 섣불리 그녀에게 다가가지 않습니다. 왜냐하면 그는 자신보다 낮은 신분의 사람들과 자신은 다르다는 차별의식을 가지고 있었기 때문이죠. 이런 그의 차별의식은 그의 청혼장면에서도 여실히 드러납니다.

　엘리자베스는 너무 놀라 아무 말도 할 수가 없었다. 그녀는 그를 물끄러미 바라보다가, 얼굴을 붉혔고, 귀를 의심했으며, 그리고 아무 말도 하지 못했다. 그는 이것을 충분한 격려로 간주하고, 즉시 자신이 그녀에 대해 현재 품고 있으며 오래 동안 품어왔던 감정을 모두 고백하기 시작했다. 그의 말은 훌륭했다. 그러나 그는 가슴에서 우러나오는 사람의 감정 외에 다른 감정에 대해서도 자세히 이야기 해야 했다. 애정에 대해서보다도 자존심에 대해 말할 때 더 열변이 었다. 그녀의 신분이 열등하다는 것, 그런 결혼은 집안의 수치라는 것, 그녀의 집안을 생각하면 이성은 언제나 감정에 제동을 걸었다는 것 등을 하나하나 열심히 설명했는데, 그렇게 열을 올리는 것은 지금 자신이 스스로 손상시키고 있는 그 신분 때문인 듯했지만, 그의 청혼에는 도움이 될 것 같지 않았다.

다씨는 콜린스의 청혼 태도와 마찬가지로 자신보다 낮은 지위의 엘리자베스에게 특권을 부여해 준다는 우월감에 도취되어 시종일관 의기양양합니다. 그의 이런 심리적 확신은 "상당한 재산을 가진 독신남에게 반드시 아내가 필요하다는 것은 보편적으로 알려진 진리"인 사회 상황에서는 당연한 일이었기 때문에, 청혼을 하는 여인에게 자신을 드러내고 솔직한 자신의 감정을 보이는 행동이 아닌, 자존심이나 신분 등을 내세우는 오만함을 그대로 내보이고 있었습니다. 그런 그의 오만한 청혼에 엘리자베스는 아주 예의바르면서도 직설적으로 거부의사를 보입니다. 이렇게 그들의 오만과 편견은 그들 사이를 갈라놓으며 서로의 진실된 모습을 보지 못하도록 짙은 안개 속으로 밀어 넣어버리고 있는 것입니다.

올바른 인식으로 읽어보는 환상의 커플

여기까지 살펴보다가 잠시 딴 얘기를 하나 할까 합니다. 제인 오스틴의 〈오만과 편견〉을 읽으면서 드라마 한 편이 생각났습니다. MBC에서 16부로 제작된 드라마였는데 캐릭터의 설정이 〈오만과 편견〉과 상당부분 흡사합니다. 바로 "환상의 커플"이라는 작품인데요. 드라마를 안 보신 분들도 계실 테니 드라마에 나오는 인물들과 대강의 내용을 알려드릴게요.

안나 조(한예슬 분)는 엄청난 부를 소유한 여성입니다. 하지만 그녀는 오만하기 짝이 없죠. 자기 주변의 그 어느 누구와도 자신의 감정을 교류하지 않습니다. 강한 카리스마로 그녀는 여왕으로 군림합니다. 그러다 우연한 사고로 기억을 잃게 되고 남편이 아닌 새로운 남자. 장철수(오지호 분)를 만나게 됩니다. 사고 전에 안나를 만나서 그녀의 오만함에 된통 당한 적이 있었던 장철수. 갈 곳을 잃어버린 그녀를 자신의 집에 데려가 일을 부려먹기 시작합니다. 일종의 귀여운 복수가 시작된 거죠. 게다가 그녀에게 새로운 이름도 붙여줍니다. (사실 장철수는 그녀의 이름도, 주소도 모릅니다. 우연히 만나기 때문입니다.) 그녀의 새로운 이름은 '나상실', 안나 조가 아닌 나상실로 살아가는 그녀. 좌충우돌하는 과정 속에서 그녀 속에 감춰진 따뜻한 마음이 겉으로 드러나기 시작합니다. 기억이 없음에도 불구하고 습관처럼 나오는 그녀의 오만한 태도는 안

어울리는 상황과 더불어 귀여움을 느끼게 해주며 그녀는 차츰 인간다움이란 걸 느끼게 됩니다.

한편, 냉정하기만한 안나와의 결혼에 회의를 느끼던 남편 빌리(김성민 분)는 안나가 실종되자 해방감을 느낍니다. 그래서 나중에 그녀의 행방을 알았음에도 불구하고 그녀를 찾지 않고 오히려 행여나 장철수가 그녀를 데려오지 않을까 노심초사합니다. 나상실에게 나쁜 감정만 가지고 있던 장철수는 그녀가 자신의 집에 있는 동안 온갖 잡일을 시키며 그녀를 구박하기 시작합니다. 하지만 이내 그녀의 때 묻지 않은 순수함에 (사실 내가 보기에는 미모 때문인 것 같았다.^^) 빠져들며 그녀를 사랑하게 됩니다.

어느덧 서로의 존재를 소중하게 생각해 버리게 된 두 사람… 하지만 운명은 그들에게 가혹합니다. 기억을 되찾은 상실. 그녀는 안나 조와 나상실 사이에서 혼란스러워 합니다. 어느 것이 그녀의 진짜 모습일까요? 결말이 궁금하죠?^^ 드라마를 볼 분들을 위해 결말은 생략하겠습니다.

안나 조는 오만 그 자체입니다. 자신의 맘에 들지 않으면 어느 누구도 용서하지 않습니다. 하지만 그런 그녀의 오만 뒤에는 두려움이 자리 잡고 있습니다. 어린 나이에 모든 식구를 잃어버리고 혼자 남게 된 그녀. 그런 그녀에게 세상은 냉정하기만 했을 겁니다. 따뜻하게 그녀를 맞아들이기보다는 그녀가 가지고 있는 것에만 관심을 보였을 테니까요. 물론 모든 사람이 다 그녀를 그렇게 대한 것은 아닐지도 모릅니다. 하지만 그녀에게 모든 사람은 그녀의 돈을 노리고 있다는 지독한 편견을 심어주게 됩니다. 그러한 편견은 그녀 자신을 오만함이라는 두꺼운 갑옷 속으로 감춰버리게 만듭니다. 그런데 나상실이 되어버린 후 그녀에게서 그 두꺼운 갑옷이 벗겨집니다. 그녀를 오만함으로 이끌었던 지독한 편견이 사라져버렸기 때문입니다. 기억을 상실하면서 모든 것은 신기하기만 할 뿐입니다. 진공청소기도 휴대폰도 전기장판도 그녀에게는 경이 그 자체입니다.

그녀는 원래의 자신과는 다르게 행동합니다. 고급 와인밖에 안 먹던 그녀가 막걸리를 먹기 시작하고 프랑스 요리만을 먹던 그녀가 자장면을 먹기 시작합니다. 억지로 먹는 것이 아니라 정말 열렬히 먹습니다. 덕분에 드라마 방영 내내 막걸리와 자장면이 아주 잘 팔렸다는 후일담이 있을 정도니 말입니다. 기억이 돌아오면서 그녀는 그녀 자신도 깨닫지 못하던 자신의 모습에 혼란을 일으킵니다. 안나 조와 나상실. 누가 진정한 그녀의 모습일까요? 분명한 건 둘 중 어느 누구도 거짓은 아니라는 것입니다. 단지 세상에 대해, 자신에 대해 오만과 편견으로 점철된 인물이 안나였다면, 그런 것들이 제거된 인물이 바로 나상실이란 것이죠. 오만과 편견 속에서 철저히 길들여져 살다보면 사람들이 자신이 그렇다는 사실을 잊어버립니다. 또 주변 사람들조차도 저 사람은 원래 그런 사람이라고 생각해 버립니다. 이런 것들이 반복되다보면 그런 오만과 편견이 내재화되어 이제는 그 사람의 성격이 되어버리고 어느덧 본성처럼 느껴져버리게 되는 것입니다. 안나의 남편 빌리의 경우가 바로 그렇습니다. 특히 남편 빌리는 그의 부인에게 지독한 편견을 가지고 있습니다. 그 편견은 그에게 있어 일종의 강박증으로 나타납니다. 하지만 그런 편견으로 인해 그는 아내의 감춰진 본성을 알지 못합니다. 너무나 변해 버린 아내를 보면서 그는 후회하지만 그건 이미 때늦은 후회였습니다.

장철수는 좀 다릅니다. 물론 안나를 자신의 집에 데려올 때는 일종의 귀여운 복수 때문이기도 했지만 사실 장철수는 안나에 대해 안나 주변사람들이 다 가지고 있는 그런 선입견이 거의 없는 상태였죠. 그렇기 때문에 그는 안나를 아니 상실을 보통사람처럼 대하고 주변사람처럼 대합니다. 장철수에게 나상실은 그저 한 명의 여성일 뿐이지, 돈도 아니고 명예도 아니었습니다.

오만과 편견을 넘어서

잠시 옆으로 샜던 이야기를 다시 본래의 길로 돌려볼까요? 오만과 편견이란 건 어찌 보면 가장 인간적인 모습입니다. 인간이 완벽한 존재가 아니기 때문에 더 그럴지도 모르겠습니다. 앞에서 말했듯 오만과 편견은 우리의 참된 인식을 방해합니다. 그렇다면 우리는 어떻게 그 오만과 편견에서 벗어날 수 있을

까요? 지독한 오만과 편견 속에서 결국은 사랑을 일궈낸 엘리자베스와 다씨, 이 두 사람의 오만과 편견이 깨지는 부분을 잠시 살펴보겠습니다.

〈엘리자베스〉

　　이제 그녀는 자기 자신이 너무나 부끄러웠다. 다씨를 생각하든 위컴을 생각하든 자기가 눈이 멀었고 편파적이었으며 편견에 가득 차고 어리석었음을 느끼지 않을 수 없었다.

　　"내 행동이 그렇게 한심했다니!" 그녀는 외쳤다.

　　"변별력에 대해서만큼은 자부하고 있던 내가! 다른 건 몰라도 똑똑하긴 하다고 자랑스러워하던 내가! 때때로 언니가 너무 너그럽고 솔직하다고 비웃으면서 쓸데없이 남을 의심함으로써 허영심을 만족시켰던 내가! 이제야 깨닫다니 얼마나 창피한 일인가! 하지만 창피해 하는 게 당연하지! 사랑에 빠져 있었다 해도 이보다 더 기막히게 눈이 멀 수는 없었을 거야. 그렇지만 그건 사랑이 아니라 허영심이었어. 처음 만났을 때 한 사람은 나를 무시해서 기분이 나빴고, 다른 한 사람은 특별한 호감을 표시했기 때문에 기분이 좋아서, 난 두 사람에 관해서는 선입관과 무지를 따르고 이성을 쫓아낸 거야. 지금 이 순간까지 난 나 자신에 대해 모르고 있었던 거야."

〈다씨〉

　　"여덟 살 때부터 스물여덟 살에 이르기까지 그런 사람이었습니다. 그리고 사랑하는 그대 엘리자베스가 아니었다면 여전히 그랬을 것입니다! 당신에게 진 빚을 어찌 다 말할까요! 당신은 저에게, 처음에는 정말이지 가혹했지만 다시 없이 유일한 교훈을 주셨습니다. 당신으로 하여 저는 겸손해졌습니다. 제가 당신께 청혼하러 갔을 때 전 승낙 받을 것을 조금도 의심치 않았습니다. 사랑받을 자격이 있는 여자를 기쁘게 해줄 모든 조건을 갖추고 있다고 자임했지요. 그런데 당신은 그렇게 자임하기에는 제가 얼마나 모자라는 사람인지를 보여주었습니다."

이렇게 그 둘은 자신의 생각이 틀렸음을 인정하면서 자신들의 오만과 편견을 벗어던집니다. 그로 인해 그들은 진정한 사랑이란 결실을 맺게 된 것이죠. 공자님이 말씀했습니다. 子曰 由 誨女知之乎 知之爲知之 不知爲不知 是知也. 해석해보자면 "유야! 네게 안다는 것을 가르쳐주겠다. 아는 것을 안다고 하고, 알지 못하는 것을 알지 못한다고 하는 것이 곧 아는 것이다"입니다. 제대로 안다는 것은 무엇일까요? 자신의 앎을 성찰할 수 있는 앎. 그것이 자신이 가진 앎의 절대화를 막는 것입니다. 자신에 대한 오만함에서 벗어나는 것이며 남에 대한 편견에서 벗어나는 것입니다. 이 세상에 절대적인 것은 없습니다. 아니 절대적인 것은 없어야 합니다. 그것이 이루어질 때 우리가 사는 이 세상은 행복한 세상이 될 수 있을 겁니다.

실전
연습문제

다음 제시문을 읽고 물음에 답하시오.

(가)

"내가 말할 때는 끼어들지 마. 잠자코 듣고 있으란 말이
야. 내 딸하고 조카는 서로 천생연분이야. 두 사람 다 외가 쪽
은 똑같은 귀족 가문출신이고, 친가 쪽은 작위는 없지만 점잖
고 명예로우며 유서 깊은 가문이지. 양가 모두 재산도 굉장해.
각자의 집안사람들이 모두 입을 모아 서로 맺어져야 한다는데,
무엇이 둘을 갈라놓겠다는 건가? 가문도 친척도 재산도 변변
찮은 젊은 여자 하나가 건방지게 튀어나와 가지고, 이걸 그냥
두고 봐야겠냐고! 그래서는 안 되지. 안 되고말고. 아가씨한테
무엇이 득인지 지각이라도 있다면, 자라온 테두리를 벗어나길
원치 않을 텐데."

─제인 오스틴 〈오만과 편견〉

(나)

"또한 성직자로서 저는 제 영향력 범위 안에 있는 모든
가족 내에 평화의 은총을 수립하고 증진시키는 것을 제 의무

라고 느끼고 있습니다. 이런 이유로 해서 저는 이 선의의 제안이 매우 칭찬할 만한 것이라고 자부하고 있으며, 어르신께서도 제가 롱본 저택의 상속자라는 사정을 너그럽게 봐주시고 제가 내민 올리브가지를 거부하지 않으시리라 믿어 의심치 않습니다. 제가 어르신의 사랑스러운 따님들께 피해를 주는 위치가 된 점이 안타까울 뿐이오며, 그에 대한 사과를 받아주셨으면 합니다. 또한 추후에 더 말씀드리겠지만, 가능한 모든 방법으로 기꺼이 따님들께 보상할 생각임을 분명히 말씀드리고 싶습니다."

—제인 오스틴 〈오만과 편견〉

(다)

하늘에 깔아 논
바람의 여울터에서나
속삭이듯 서걱이는
나무의 그늘에서나, 새는 노래한다.
그것이 노래인 줄도 모르면서

새는 그것이 사랑인 줄도 모르면서
두 놈이 부리를
서로의 죽지에 파묻고
따스한 체온(體溫)을 나누어 가진다.

새는 울어
뜻을 만들지 않고
지어서 교태로
사랑을 가식(假飾)하지 않는다.

…

포수는 한 덩이 납으로
그 순수(純粹)를 겨냥하지만
매양 쏘는 것은
피에 젖은 한 마리 상(傷)한 새에 지나지 않는다.

—박남수 "새"

(라)

　"의사가 병을 고친 거라고는 보지 않습니다. 병석에서도
웃는 법을 가르쳐준 겁니다."

　"병은 추방할 게 아니라 파멸시켜야 하는 겁니다."

　"환자의 육체도 함께."

　"필요하다면."

　그러자 윌리엄이 단언했다. "당신은 악마입니다."

　호르게는 못 알아들은 모양이었다. 시력이 있었다면 상대
방을 어리둥절한 시선으로 쳐다보았을 것이다. 호르게가 반문
했다. "내가?"

"그렇습니다. 당신은 속은 겁니다. 악마는 물질의 왕자가 아닙니다. 악마란 정신의 오만, 웃음이 없는 신앙, 한 번도 의심을 받지 않은 진리입니다. 악마는 자기가 어디로 가는지 알기 때문에 냉혹하며, 움직여도 늘 출발점으로 돌아갑니다. 당신은 악마입니다. 또 악마와 마찬가지로 암흑 속에서 삽니다. 나를 설득하려 했다면 그건 실패입니다. 호르게, 나는 당신을 증오합니다. 할 수만 있다면 당신을 아래층으로 데리고 내려가 마당을 가로지르고, 발가벗겨 당신 음부에 닭털을 꽂고 얼굴은 어릿광대처럼 색칠해서 수도원 전체가 당신을 보고 웃으며 더 이상 겁을 내지 않도록 만들어주고 싶습니다. 당신 몸뚱아리 전체에 꿀을 바른 뒤 깃털더미에 굴리고는 가죽끈으로 목을 매 수도자들에게 넘기고 모든 사람에게 이렇게 고하겠습니다. 이 사람이 여러분에게 진리를 가르쳤습니다. 진리는 죽음을 원한다고 말했습니다. 그런데 여러분은 이 사람의 말이 아니라 엄격한 냉혹성을 믿은 겁니다, 라고. 당신에게 말해 두겠는데, 가능한 일의 무한한 소용돌이 속에서 하나님은 자칭 진리의 해석자가 서투른 갈가마귀, 옛날옛날에 배운 말을 반복하는 사람에게 불과한, 그런 세상을 당신이 상상하도록 허락하셨습니다."

— 움베르트 에코 〈장미의 이름〉

〈문제 1〉 (가), (나)의 인물이 보이는 인식상의 공통점에 대해 서술하시오.
(200자)

〈문제 2〉 위의 논의를 참고하여 (다) 시의 포수가 보이는 인식의 한계에 대
해 논하시오. (400자)

〈문제 3〉 모든 제시문을 참고하여 올바른 인식에 대한 자신의 견해를 논술
하시오. (800자)

다락원 명작노트 043

오만과 편견

펴낸이 정효섭
펴낸곳 (주)다락원

초판 1쇄 인쇄 2007년 6월 5일
초판 1쇄 발행 2007년 6월 12일

책임편집 안창열, 김지영
디자인 손혜정, 박은진
번역 손승희
삽화 손창복

다락원 경기도 파주시 교하읍 문발리 509-1
Tel:(02)736-2031 Fax:(02)732-2037
(내용문의: 내선 520/구입문의: 내선 113-114)
출판등록 1977년 9월 16일 제300-1977-23호

Copyright ⓒ 2007, 다락원

값 8,500원

ISBN 978-89-5995-158-1 43740

패턴 따라 쉽게 쓰는 틴틴 영어일기 1, 2

❶ 일상생활 패턴정복
❷ 학교생활 패턴정복

중학교에 다니는 여학생과 남학생이 각각 일상생활과 학교생활을 중심으로 1년간의 일을 쉽고 재미있게 쓴 영어일기. 중학생이라면 누구나 한번쯤 겪어봤을 만한 일들을 바탕으로 한 다양한 일기 소재와 어휘가 제공되어 있기 때문에, 영어일기를 통해 영작을 연습하려는 학습자에게 큰 도움이 될 수 있는 교재이다. 중·고생뿐만 아니라, 중학 영어를 미리 예습하려는 예비 중학생들에게도 아주 효과적인 영어 학습서로 강추!

☐ 정미선 지음 / 4·6배 변형/192면
☐ 정가 10,000원 (오디오 CD 1개 포함)

Teen Teen Diary (전3권)

❶ 매일 10단어로 뚝딱 중학생 영어일기

중1 수준의 어휘와 문장으로, 영어일기와 일상회화에 대한 감각을 익힌다.

☐ 정미선 지음 / 신국판 / 144면
☐ 정가 7,500원 (테이프 1개 포함)

❷ 매일 5문장으로 술술 중학생 영어일기

중2 수준의 어휘와 문장으로, 영어일기에 친숙해지고 자신감을 쌓는다.

☐ 정미선 지음 / 신국판 / 152면
☐ 정가 7,500원 (테이프 1개 포함)

❸ 매일 내맘대로 쓱싹 중학생 영어일기

중3 수준의 어휘와 문장으로, 중학영어를 마스터하고 미국의 일상회화에 익숙해진다.

☐ 정미선 지음 / 신국판 / 144면
☐ 정가 7,500원 (테이프 1개 포함)

지니의 미국생활 영어일기 Hello! America (전2권)

❶ 가을학기 ❷ 봄학기

어느 한국 여학생의 미국생활 이야기를 일기 형식으로 담은 책. 1권은 '가을학기', 2권은 '봄학기'편으로, 총 1년간의 미국 학교생활 및 일상생활에 관한 흥미로운 이야기들이 담겨 있다. 미국 학생들의 실생활을 바탕으로 한 탄탄한 스토리로 살아 있는 현지 영어와 미국문화를 체험할 수 있을 뿐만 아니라, 영어 독해 및 영작 연습을 할 수 있는 아주 유용한 교재이다.

☐ 이지현 지음 / 국배판 변형 / 152면
☐ 정가 8,500원

영어 독해력 증강 프로그램

행복한 명작 읽기

〈행복한 명작 읽기〉는 기초가 약한 영어 초급자나 초, 중, 고 학생들이 보다 즐겁고 효과적으로 명작들을 읽으며 독해력을 키울 수 있도록 개발된 독해력 증강 프로그램입니다.

책의 특징

1 골라 읽는 재미가 있다. 초보자를 위한 350단어 수준에서 중고급자를 위한 1,000단어 수준까지 5단계 구성.

2 단계별로 효과적인 영어 읽기 요령과 영문 고유의 참맛을 느낄 수 있는 장치가 곳곳에.

3 읽기만 해도 영어의 키가 쑥쑥 - 해석을 돕는 돼지꼬리( ), 영어표현 및 문법 설명, 퀴즈가 왕창.

4 체계적인 듣기 학습까지. 전문 미국 성우들의 생동감 넘치는 원음을 담은 오디오 CD 제공.

국판 | Grade 1, 2, 3 각권 6,000원
(오디오 CD 1개포함)

Grade 4, 5 각권 7,000원
(오디오 CD 1개포함)

*어린왕자 8,000원
(오디오 CD 2개 포함)

**고도를 기다리며 9,000원
(오디오 CD 2개 포함)

✖ 왕초보 기초다지기 ✖

쉬운 영문을 통해 영어 독해에 대한 막연한 두려움을 없앤다.

Grade 1　　　Beginner

350 words

1 미녀와 야수
2 인어공주
3 크리스마스 이야기
4 성냥팔이 소녀 외
5 성경 이야기 1
6 신데렐라
7 정글북
8 하이디
9 아라비안 나이트
10 톰 아저씨의 오두막

Grade 2　　　Elementary

450 words

11 이솝 이야기
12 큰 바위 얼굴
13 빨간머리 앤
14 플랜더스의 개
15 키다리 아저씨
16 성경 이야기 2
17 피터팬
18 행복한 왕자 외
19 몽테크리스토 백작
20 별 | 마지막 수업

Response Notes
(독자의 공간)
영문을 읽어나가다
궁금한 점, 기억해 두어야
할 점을 메모한다.

해석 도우미
(일명 '돼지꼬리')
꼬리 끝에 해석을 돕는
힌트가 꽂혀 있다.

Check-Up
내용 파악이
잘 되었는지 확인.

주요 어휘 및 문장 해석

One-Point Lesson
주요 문법사항이나 표현에
대한 심층 분석 코너.

➕ 실력 굳히기 ➕

실력에 맞게 효과적으로 끊어 읽으며 직독직해 훈련을 한다.

영어의 맛
★ 제대로 느끼기 ★

영문판 원서 도전을 위한
전 단계의 준비과정이다.

콕콕 찍어 들려주는 **명작 리스닝** 시리즈 [전20권]

세계 명작소설을 쉽게 고쳐 쓴 중·고생용 학습 교재. 독해와 함께 청취력 향상을 위해 전 내용을 녹음하고, 매 페이지에 리스닝 포인트를 두어 한국인이 듣기 어려운 부분은 또박또박한 발음으로 반복해 들려준다. 권말에는 영어듣기 테스트를 수록해, 입시에서 점점 비중이 높아지는 듣기시험에 대비하도록 했다.

□ 각 권 4·6판/140면 내외
□ 정가: 각 권 5,800원 (테이프 2개 포함)

① 이상한 나라의 앨리스 / 백설공주와 일곱 난쟁이
Alice's Adventures in Wonderland /
Snow White and the Seven Dwarfs

② 이솝 우화
Aesop Fables

③ 그림 동화집 / 잭과 콩나무
Grimms Fairy Tales / Jack and the Beanstalk

④ 재미있는 이야기 / 미녀와 야수
Famous Stories / Beauty and the Beast

⑤ 알라딘과 요술램프 / 이른 아침의 살인
Aladdin and the Magic Lamp / Dead in the Morning

⑥ 오즈의 마법사 / 흑마 이야기
The Wonderful Wizard of Oz / Black Beauty

⑦ 걸리버 여행기 / 쉽게 번 돈
Gulliver's Travels / Fast Money

⑧ 거울 속의 앨리스 / 정원
Through the Looking Glass / The Garden

⑨ 피터 팬
Peter Pan

⑩ 큰 바위 얼굴 / 크리스마스 선물 /
알리바바와 40인의 도적들
The Great Stone Face / The Christmas Present /
Ali Baba and the Forty Thieves

⑪ 돈키호테 / 헨리 포드 이야기
Don Quixote / Tin Lizzie

⑫ 로빈 후드 / 어느 병사의 죽음
Robin Hood / Death of a Soldier

⑬ 신문 배달 소년 / 긴 터널 / 몰리의 순례자
Newspaper Boy / The Long Tunnel / Molly Pilgrim

⑭ 언덕 위의 집 / 헤라클레스
The House on the Hill / Hercules

⑮ 우주 도시로의 여행 / 요술 정원
Journey to Universe City / The Magic Garden

⑯ 마르코 폴로 / 크리스토퍼 콜럼버스 /
올리버 트위스트
Marco Polo / Christopher Columbus / Oliver Twist

⑰ 삼총사 / 레슬러
The Three Musketeers / The Wrestler

⑱ 불의 전차
Chariots of Fire

⑲ 런던 경시청 이야기 / 아서 왕
The Story of Scotland Yard / King Arthur

⑳ 도난당한 편지 / 붉은 머리 사교회 /
트래버스 씨의 첫사랑
The Stolen Letter / The Society of Red-Headed
Men / Mr. Travers First hunt